太平洋戦争と冷戦の真実

飯倉 章
森 雅雄

芙蓉書房出版

はじめに

飯倉　章

太平洋戦争は、日本海軍によるハワイ真珠湾への奇襲攻撃と陸軍による英領マレーのコタバル上陸で始まった。一九四一年十二月八日（アメリカ時間七日）のことで、二〇二一年十二月には開戦後八十年を迎える。関連して様々な書籍が出版され始めている。本書もその一冊であるが、『太平洋戦争と冷戦の真実』というタイトルで「真実」を謳ったことで、やや背伸びをしている印象を与えるかもしれない。これはこれまでの歴史が真実でないと言っているのではもちろんない。ただ、あれがあった、これがあったと事実を淡々と並べるだけであったり、イデオロギー的に色づけを変えただけであったり、通説を無批判に繰り返すだけの歴史書とはひと味違うものをと、やや気張った結果である。

とくに第1章と第2章の森雅雄大兄の論考には、通説などにあえて挑戦する意気込みを感じてもらえるのではないかと思う。第1章「戦艦大和の掩護」で森大兄は、日本海軍が大艦巨砲主義に固執して航空を主力とするのに遅れたために破れたという通説に挑んでいる。詳しくは本文に譲るが、仮に日本海軍がそうであったとしても、対するアメリカ海軍も同程度かそれ以上にそうであったのではなかろうかと言うのである。第2章「喪失艦から脱した艦長は冷遇されたのか」はまさに題名通り、日本海軍では軍艦を失いながら生還した艦長が人事において冷遇されたという説に実証的に挑んでいる。

通説に挑むのにあえて森大兄は新資料に依拠していない。それはこれらの通説が「言説」に過ぎないこと、つまりそのような通説が提起され受け入れられた当時であっても違う結論が可能であったことを立証せんがためである。言説（ディスクール、discours［仏語］）とは、優等生的に定義すれば制度や権力とむすびついた言語実践で、「着目すべき対象を規定し、その対象を分析するのに必要な概念を創出することで、みずからに都合のよい現実の姿を提示するような一連の陳述」の「まとまり」である*1。ただ森大兄は、筆者との大衆食堂での対話で「そんなことは日本にもあるよね」と言い、「ためにする議論だよ」とこともなげに続けた。読者の皆様には、言説＝ためにする議論という理解で読み進めていただいてもよいと思う。これらの論述で森大兄は、専門家の知識を試すような難解でときには韜晦な議論を展開しているが、この独特の（昭和の）文体も楽しんでいただければ幸いである。

筆者による第3章「うつろうパールハーバーの記憶」は題が示すように真珠湾攻撃の記憶が、アメリカ社会においてどのように変容し戦後の安全保障政策に影響したかを論じたものである。正直に告白しておくと、内容の多くは筆者が翻訳したエミリー・S・ローゼンバーグ著『アメリカは忘れない――記憶のなかのパールハーバー』に負っている。その意味では同書のダイジェスト版とも言えるが、同書の議論に筆者なりの解釈や装いを施し、また最近の事情も加味している。枝葉末節の類になるがいくばくかの問題提起、誤解の指摘もしている。一つ強調しておけば、アメリカ社会においてパールハーバーの集合的記憶のほとんどは、もはや対日非難とは違う意味をもっていることである。その点では日本側の方が、硬直した見方を維持しているとも言えそうである。

同じく筆者による第4章「キッチンをめぐる戦争――冷戦と家庭への封じ込め」は、冷戦期の一九五九年七月、アメリカ副大統領リチャード・ニクソン(後の大統領)とソ連首相ニキータ・フルシチョフがモスクワで繰り広げたキッチン論争を取り上げ、冷戦によって封じ込められたのはソ連ばかりでなくアメリカにおいては女性も、ある意味では男性も家庭に封じ込められていたこと、ただとくにその女性の封じ込めがその後、大きく変容したことを論じている。ジェンダー論や男らしさの危機の視点も分析に織り込んだ。研究の出発点となったのは、イレイン・タイラー・メイの先駆的著作『ホームワード・バウンド』に出くわしたことであるが、多少なりとも冷戦史の一断面を捉えられていればと思っている。

第5章「日本とキッチン論争と冷戦の終焉」は第4章のスピンオフであり、日本におけるキッチン論争の取り上げ方に注目して、独自の分析を加えるとともに、冷戦の勝者=日本という「言説」の紹介と分析を試みている。真珠湾攻撃で一時的であれアメリカに対する勝者として現れた日本が、その後太平洋戦争で徹底的に打ちのめされて敗者となりながら、冷戦期にアメリカに対する勝者として表象され、もてはやされた過程に多少なりとも光を当てたつもりである。また、近年、冷戦史研究は、その泰斗ルイス・ギャディスによる記念碑的労作『歴史としての冷戦』で一つの結実を見たが、そこで強調されることのなかった日本の冷戦史における西側の一員としての役割を概括ではあるが論じたことで、多少は新味を加えることができていれば幸いである。

冒頭で述べたようにタイトルで気負い過ぎていて、誇大宣伝という批判があるとすれば甘んじて受けたいと思うが、太平洋戦争史、冷戦史、さらにポスト冷戦期の歴史について本書が何がしかの示唆を与えるものになっているとしたら、著者一同として望外の喜びである。

＊1　言説の定義には、次の解説を参照し、若干字句を変え引用した。訳者解説「〈本書を読むためのガイド・マップ〉」フランク・レントリッキア、トマス・マクローリン編（大橋洋一、正岡和恵、篠崎実、利根川真紀、細谷等、石塚久郎訳）『現代批評理論――22の基本概念』（平凡社、一九九四年）七二二頁。

太平洋戦争と冷戦の真実　目次

第4章　キッチンをめぐる戦争
——冷戦と家庭への封じ込め

飯倉　章　165

第1章

戦艦大和の掩護

森　雅雄

「戦艦大和」
1945年4月7日、坊ノ岬沖で敵機の攻撃を受けて後部砲塔付近から噴煙を上げる戦艦大和。左舷には至近弾の水柱が見える。この後、大和は撃沈された。
（写真：Naval History & Heritage Command, L42-09.06.05 Yamato）

はじめに

帝国海軍は、太平洋戦争の劈頭、真珠湾において自らが示した航空優位を理解できず、米海軍が直ちに戦術思想を転換したのに対して、大艦巨砲主義に拘束され続けた、という言説が妖怪の如くに徘徊している。昭和二十年四月七日、米空母部隊を発進した三〇〇機を越える航空機の攻撃を受け、四十六サンチの蟷螂の斧を振り上げながら坊ノ岬沖に沈んだ大和はその象徴として語られる。

大橋良介も『京都学派と日本海軍』において、山本五十六（兵三十二期、キンメル・ハルゼーの一九〇四年組に相当）が「『大艦巨砲主義』に固執して空軍主義への転換を怠った」という矢次一夫の説をそのまま受け入れている*1。しかし、航本（航空本部）技術部長として陸攻（陸上攻撃機）の開発を指導し、本部長として大和と武蔵の建造に反対し、聯合艦隊司令長官として「ハワイ作戦」から「い号作戦」まで魅入られるように航空作戦にのめり込んでいった山本提督が「大艦巨砲主義」に固執していたという命題は、これが対応している事態があるとすれば、それは如何なる事態だというのだろうか。

纐纈厚もまた次のように述べている。

日本海軍に最後まで貫いていた用兵思想の第一の特徴は、艦隊決戦思想である。〔……〕

この艦隊決戦思想は、日本海軍航空隊がイギリスの戦艦プリンス・オブ・ウェールズとレパルスを撃沈したことで、自ら航空戦力の優位性を証明したものの、日本海軍は伝統的用兵の呪縛から完全には解放されることはなかった。海軍部内における航空戦力強化論者の台頭により、その後航空母艦を主体とする機動部隊の編成に着手していくが、艦隊決戦思想を清算し、航空第一主義に切り替えていくのは、一九四三（昭和一八）年のガダルカナル島撤退以降のことであった。すでに、アメリカの機動部隊群が圧倒的に優勢であり、〔……〕この点から言えば、日本海軍航空隊が実戦で証明して見せた航空兵力の優位性を理解し、海上艦戦闘艦の建造を極力減らしてでも航空兵機の開発と製造に重点を置き、空母機動群を中核とする航空兵力の充実に全力を傾注したアメリカとは対照的であった＊2。

この言明には、分析的なレベルにおいて、即ち語の意味において疑問がある。日本海軍の「艦隊決戦思想」は「最後まで貫いていた」と述べた、原文で僅か八行後に「清算し」たと記していることである＊3。これは、ある種の哲学者が好んで用いる、八行毎に語義が反転するというような架空の例の実現を見ているかのようである。筆者はこう言うことによって、皮肉を言おうとしているのだろうか。或いはそうかも知れない。しかし、そうではないとすれば、筆者はここで、「艦隊決戦思想」なる言葉で語られる言説は、「最後まで貫く」や「清算」の語義には無関係に（つまりたとえそれが反転したとしても）成立している一つの出来事ではないかと疑っているのである。

一般的に言って、この言説では、大艦巨砲主義とは何なのであるか、アプリオリな規定がなされることはない。従って、如何なる事実があれば大艦巨砲主義となるのか、その検証理論もない。航空機によってハワイの主力（戦艦部隊）を壊滅させようという意図の下にそれを行い、その通りに実現したにもかかわらず、航空兵力の優位性が理解できないという命題が対応している事態がどのようなものなのか想像することもできない。本論では、先ずこの言説の意味についての予備的な分析を行い、次いでこの言説が最もよく用いる戦艦と空母の建艦と機動部隊の建制化と戦艦の用法について検討して、日米の類似性を見、最後にこの言説の由来と航空の社会学的意味についていくらか考える*4。

本稿は言説についての考察であり、事実それ自体に基づいての考察ではないから、知られざる事実の提示によって反証するということに関心はない。この言説が再生産され続けた時にも利用された筈の情報だけを取り上げる。そうすることで、この言説が言説の準位でのみ成立している言説に過ぎぬことを示すことができるからである。

大艦巨砲主義についての予備的考察

大艦巨砲主義の、語の意味とは何か。

戦はその本質において勝ち負けを競うゲームであるから、（航空優位思想に対する）大艦巨砲主義とは、戦艦は一般に航空機によって沈められないという意味を含んだものであろう。しかし、そういうことだけならば、既にハワイ作戦に遡ること二十年も前に、米陸軍の実験によって反証されていることである。一九二一年七月二十一日、ミッチェル准将率いる陸軍の爆撃機が標的艦の旧ドイツ海軍戦艦オストフリースラントを命中弾一発、至近弾五発で撃沈したのである*5。

そこで、真珠湾の時点で反証された大艦巨砲主義とは、実戦においては沈められないという意味を持ったものであるとしよう。

しかし、実戦は、第一に、実験とは異なって、同じ条件下での追試が不可能なものである。単称命題は単称命題に留まり、全称命題足り得ない。その意味で、一般的な大艦巨砲主義批判という言説は単純素朴に過ぎるものである。例えば、ハワイ作戦の一年前の一九四〇年十一月十一日、英空母イラストリアスを発進した二十一機の旧式複葉機ソードフィッシュ（十二機が雷装、残りが爆装と照明弾装備）はタラント港にあるイタリア艦隊を攻撃して戦艦一隻を擱座、二隻を大破させたが、もし実戦での反証を言うだけならばこの時点でそれは完了しているのである*6。しかし、タラント攻撃と真珠湾攻撃とでは種々の条件が異なる。早い話がイラストリアスとその艦上機に真珠湾でと同じ仕事はできない。逆に言えば、そこにハワイ作戦の意味が出てくるわけである。

また、航空機と一口に言っても様々な機種がある。先ず、戦闘機で戦艦は沈められない。更に、戦艦は定義において、自艦の主砲と同等の砲撃に耐え得る防御力をもっているから（対応防御）、搭載爆弾は二五〇キロの艦爆（艦上爆撃機）でも沈められない理屈になる。従って、航空優位と言っても、戦闘機や艦爆のことを言っているのではないことになる。

戦艦を沈められるのは艦攻（艦上攻撃機）であるが、水平爆撃と雷撃の違いがある。水平爆撃では戦艦を沈めるのに十六発の命中弾を要するのに対して、雷撃では数発の命中で足りる*7。命中率もこの後に示すように、雷撃の方が高い。これに、浅海のハワイでは浅海面用魚雷の考案が加わって米艦隊主力を壊滅させる計算が成り立った。しかし、同じ時期に開発に取り組んだ網切器は完成しなかった。真珠湾の戦艦は防御網を装備していなかったが、もしこれを展張していたら八十九機の艦攻は全て爆装とせざるを得ず、歴史上に実現したハワイ作戦を航空優位の実証と言うのであれば、それは実証されなかったことになる。一方、雷撃は目標に近接するので被弾する可能性も大きい筈である。喪失率が機体の生産率や搭乗員の養成率を上回ることになれば、優位どころか使えない兵器になることにもなる。

実戦における差異は他にもある。ハワイ作戦について、あれは据物斬りである、洋上を走り回る戦艦はやれない、と言ったとかいう大艦巨砲主義者を頑迷固陋と揶揄するのがこの言説のしきたりとなっているが（このようにして引かれる証拠らしきものは、誰がどういう状況で言い、どのように政策決定に影響を与えたのか、いつも明らかにされない）、アプリオリに考えれば、これは頑迷固陋な大艦巨砲主義者の方が正しいだろう。当時、艦船が回避運動をすれば命中率は半分以下に低下するものと見積もられていたし*8、事実、真珠湾では水平爆撃の命中率は二六・五パーセント（四十九分の十三）、雷撃のそれは九〇パーセント（四十分の三十六）であったが*9、マレー沖での対戦艦成績は、日本側の数字でも、各々、一四・三パーセント（二十一分の三）、四〇・八パーセント（四十九分の二十）で、およそ半減している*10。従って、もしハワイ作戦の時、太平洋艦隊の主力が湾外に出ていれば、航空機による敵主力の壊滅という目標は達成されなかったことになり、歴史上に示された結論はやはり導出できなかったことになる*11。

大艦巨砲主義者は、しかし、マレー沖海戦の後に及んでもなお悔い改めず、日本は戦闘機や駆逐艦をつけるので戦艦は沈まないと言ったとされる*12。戦闘機は戦艦を沈めることはできないが、制空権を取ることはできる。戦艦同士の戦でも制空権下で戦った方が有利に決まっているが（少なくとも索敵や着弾観測は容易になるだろう）、これは厳密に言えば、大艦巨砲主義だけにも航空優位思想のみにも還元できない戦術思想である。

第二に実戦においては兵力量という要素がある。一対一の格闘で艦攻が戦艦を沈められると考える者は、如何な航空優位論者といえどもいなかったろう。その一方で、航空機の数に限りを設けない対空戦に自信を持つ大艦巨砲主義者もいなかった筈である。ならば、航空優位論と大艦巨砲主義は連続しているのであり、これを対立させるのはことの単純化でしかない。実際の作戦における兵力量は現実的な制約からこの間のどこかで折り合いを着けざるを得ないのであり、作戦はその制約下においてのみ立てられるものである。予算を度外視して無数の航空機を投入してよいならば、敢えて海大で参謀を育てる必要もないわけである。真珠湾で成立した計算は停泊している目標相手のそれでしかない。航空機で航行中の艦船を攻撃する場合、多数機を使用し目標を包囲して如何なる回避行動を取られても射点に着けるようにするのが基準の戦法である*13。従って、命中率は不変の定数ではなく、攻撃機が増えるに従って上昇する筈である。マレー沖では七十機の陸攻が二隻の戦艦を攻撃し、坊ノ岬沖では三〇〇機を超える航空機がたった一隻の戦艦を攻撃した。彼女たちが沈むのは当然だったとも言える。逆に言えば、機数が少なければ目標を沈めることはできず、その時、航空優位は実証できないことになる。

セイロン島沖でも、艦爆五十三機で二隻の重巡、八十五機で一隻の軽空母と一隻の駆逐艦を命中率八〇パーセント超で沈めている*14。しかし、第二次ソロモン海戦では、第一次攻撃隊の艦爆二十七機がエンタープライズ群を攻撃し、翔鶴隊が投下した十七発のうちエンタープライズに命中したのは三発だけである（日本の戦訓では六発以上*15）。命中率にすれば一八パーセント（日本の数字を使えば三五パーセント）。セイロン島沖に比べてこの命中率の低下は、作戦機の数の少なさにもよる筈である。

第三に実戦においては変化という側面がある。航空優位となれば、劣位の戦艦は前線を退き、目標も戦艦から空母に変わる。これをしも航空優位と言っても、その意味は戦艦を沈め得るという意味から変わったことになる。日本は、ミッドウエイ海戦以後、先ず敵空母を使用不能にして戦場の制空権を獲得するため、搭載機の機数は艦攻を減らし艦爆と艦戦を増やした*16。もしここで戦艦が再びその雄姿を現せば、その戦艦は沈まない、かも知れないのである。

しかも、ここで同じ艦爆と言っても、日米のそれには大きな違いがあることにも留意しなければならない。九九式艦爆が抱いていた爆弾は二五〇キロ爆弾なのに対して、ＳＢＤドーントレスが搭載していたのは五〇〇キロ爆弾（正確に言えば一〇〇〇ポンド爆弾）である。爆弾が空母に対して十分なのは五〇〇キロとされている*17から、この違いは文字通り致命的に決定的である。事実、ドーントレスはミッドウエイで空母を沈めたが、日本の艦爆が正規空母を沈めたことはない。第二次ソロモン海戦でもエンタープライズは大火災となり三度の傾斜を生じたが、一時間以内に二十四ノットの速力を出し、航空機の収容をしていた。航空優位思想は恒真文ではない。アメリカにおいては真でも日本においては偽、ということも有り得るのである。

艦攻を減らした結果、ミッドウエイ後の「第三艦隊の新戦策」では、航空攻撃の戦果を拡充するためにも水上兵力を母艦から一〇〇ないし二〇〇浬敵方に進出させることにした*18。これも大艦巨砲主義にも航空優位主義にも還元できるものではない。この「新戦策」は航空甲参謀内藤雄中佐の発案であり*19、「航空兵力こそ艦隊戦闘の主力となるべき」との「兵術思想の大転換」*20に基づくものと言われるが、「航空機攻撃交換だけでは決着がつかず、続いて戦艦の砲撃戦が生起する」とした、戦前は昭和十四年六月の時点での聯合艦隊司令部の意見*21と実質的には変わらないとも言える。米海軍も、この二年後のフィリピン海海戦（マリアナ沖海戦）の時点においてなお、戦艦群を空母群から十五浬敵方に置いて、航空部隊の攻撃の後に艦隊決戦を実施しようとした*22。これは「第三艦隊の新戦策」の機動部隊前衛と同じ戦術的意味を持つものである。

第四に航空優位となれば防御側も対策をする。その結果、防空能力が向上すれば、それに反比例して航空機の攻撃力は減少し、もはや航空優位が主張できなくなる水準にまで落ちるかも知れない。珊瑚海海戦で、艦爆・艦攻合わせて五十一機が攻撃したのは、重巡五・駆逐艦七に囲まれた空母ヨークタウンとレキシントンで（各種高角砲・両用砲計八十六門、機銃八十門）、三十三機の艦爆に限れば空母二隻に対して三発の命中に留まった（日本側の数字では各数発）＊23。命中率にすれば九パーセントである＊24。第二次ソロモン海戦の第一次攻撃隊二十七機が攻撃したのも、戦艦ノースキャロライナ・巡洋艦二・駆逐艦五に囲まれた空母エンタープライズであり（同じく各々七十門、一一〇門）、その成績は前に述べた通りである。珊瑚海海戦や第二次ソロモン海戦における命中率の低下にはアメリカの対空火器の数といわゆる輪型陣をとってそれを体系的に運用した防空体制も寄与しているだろう。ノースキャロライナについてはその中間砲が評価されているが、それだけでは同じく中間砲を装備していたプリンス・オヴ・ウェールズが沈んだ理由が説明できない。英国Z部隊のリパルスや駆逐艦は両用砲を搭載しておらず、対空兵装は総じて貧弱であった。プリンス・オヴ・ウェールズ単艦では対空砲火で護る輪型陣は作りようもないのである。

第二次ソロモン海戦の時は、米部隊が上空に上げた五十三機のF４Fワイルドキャットは零戦十機が対応したというから、爆撃機が掻い潜ったのは主としてこの対空砲火である。第一次攻撃隊は、喪失機数も大きく、自爆・未帰還・不時着水を合わせて艦爆十八、艦戦六、合計二十四機に上り、収容機数は艦爆九、艦戦四、合計十三機に留まった＊25。エンタープライズに一時的に大火災を起こさせた位では引き合わない筈である。マレー沖海戦後の大艦巨砲主義者の言は、ここでも誤りとは言えないのである。

真珠湾攻撃とは何なのか

それでは、真珠湾攻撃の意味とは何なのだろうか。

アメリカが真珠湾攻撃について当時最も関心を寄せたのは、大艦巨砲主義か航空第一主義かということよりも、寧ろその責任問題である。その解明の過程において、アメリカは、日本の真珠湾攻撃を全く警戒していなかったわけではないことが明らかにされた。一年前のタラント攻撃は米海軍にも衝撃を与え、スターク海軍作戦部長（一九〇三年組、日本の兵三十一期相当）は、十一月二十二日、リチャードソン米太平洋艦隊司令官（一九〇二年組）に送った書簡の中で真珠湾の防御について「関心」を示している*26。同様の警告は後任のキンメル（一九〇四年組、山本の兵三十二期相当）に対しても送付されている（一月二十四日付けの写し*27）。

それだけではない。そもそも米海軍は、十年以上も前からそのことを想定した演習さえ行っていたのである。空母は、給炭艦を改造した速力十五ノットのラングレーしかなかった米海軍に、ワシントン条約で建造中止になった巡洋戦艦から空母に変更されたレキシントンとサラトガが加わった翌年（一九二八年）に行われた第八回海軍大演習は、空母群を運用する最初の演習であったが、それは、空母三隻を擁する艦隊がホノルルを攻略するというものだった。翌年の第九回演習ではサラトガを単独運用してパナマ運河の奇襲を成功させたが、これは空母が艦隊の補助部隊ではなく主力となることを示した最初の演習となる。一九三二年の第十三回演習ではサラトガとレキシントンが大時化の中、払暁の真珠湾・陸軍基地奇襲をほぼ成功させている。一九三八年の第十九回演習ではキング航空艦隊司令官（一九〇一年組、米内の兵二十九期相当）がサラトガに中将旗を掲げ、荒天を突いて真珠湾攻撃を成功させた。この時、戦闘艦隊司令官のカーブフスは従来の戦闘教義に反して、低速の戦艦群が足手まといにならないよう、航空艦隊に単独行動を許している。

しかし、真珠湾が攻撃を受ける懸念は日を追うにつれて希薄になっていき、キンメルは「攻撃されるとは考えなかった」*28と証言している。その理由は幾つもあろうが、少なくともその一つは柱島からハワイまでの距離である。キンメルは「私はあのような渡洋遠征には困難があることを知っていた。私は日本の航空母艦の航続距離の限界を知っていた」*29と証言している。日本の計画する作戦は「邀撃作戦」であるから、日本の艦は航続力が少なかったのである。

二つ目の理由は真珠湾内での雷撃能力である。当時これについての検討がなされ、二月十五日付けスタークのキンメルやブロック（第十四海軍区司令官）宛て書簡の中で、飛行機から投下された魚雷が馳走するためには水深が約二十五メートル必要なこと、三月二十日のブロックの返信の中で、真珠湾の水深は約十五メートルであること、六月十三日付けスタークの各海軍区司令官宛て書簡において、魚雷は場合によっては二十五メートルより少ない深度で馳走すること、タラント港では全般としては水深約二十六から三十メートル、数本は約二十二から二十四メートルの水深で発射されたらしいことが記されている*30。キンメルは、「この手紙を読んで、私の参謀や私は、第十四海軍区の司令官と同様に、飛行機からの魚雷攻撃が真珠湾で成功するということはまずありえないと信じた」*31と証言している。

三つ目は戦略上の問題である。ハート査問会議で、太平洋艦隊次席作戦参謀のマーフィ大佐は「私は、こうした攻撃が行われるとは考えていなかった。真珠湾を選んで米国を攻撃することは、日本にとっては全く愚かなことである、と考えていた。〔……〕真珠湾を攻撃することが日本にとって必要であるとは思えなかったので、日本が真珠湾を攻撃するとは考えなかった。われわれは、戦艦が真珠湾で沈没しようとしまいと、日本が希望した海域の支配に対して大きな影響を与えることができなかった」＊32と述べている。先に述べた日本の「用兵綱領」では「日本が希望した海域」とは「東洋方面」であり、ルソン島・グァム島であるのに対して、アメリカの計画（WPPac-46）では、太平洋艦隊は当面、マーシャル諸島以西には進まない筈だったからである。モリソンも「戦略的には愚の骨頂であ」り、「これ以上に致命的であった作戦の戦例を探し求めることは出来ない」＊33と酷評している。

これが、アメリカにとっての真珠湾攻撃の意味である＊34。では、日本にとってはどうなのだろうか。山本司令部の立案したハワイ奇襲作戦に対して、軍令部第一課が反対した理由は、準備中・航海中の企図秘匿、航続力の少ないこと、敵艦隊不在の可能性、真珠湾の水深、水平爆撃の命中率の低さ、急降下爆撃の爆弾の小ささ、南方作戦に母艦兵力が必要であることなどで、殊に一、二航戦（航空戦隊）の四隻に五航戦を加えて六隻を投入することは強硬に反対して譲らぬ点であった。肝心の一航艦（航空艦隊）も企図秘匿、燃料補給などの見地から反対、南方作戦を担当する十一航艦も母艦兵力の必要から反対で（塚原二四三司令長官〔兵三十六期、南雲と同期、一九〇八年組相当〕は兵力集中の観点からも反対し、大西瀧治郎参謀長〔兵四十期、山口

・福留・宇垣の同期）は対米刺激の懸念からも反対した）、両長官連名で取りやめの意見具申をしたほどである。しかし、最終的には使用母艦数の議論になり、永野修身軍令部総長（兵二十八期、一九〇〇年組相当）の決裁で、六隻の投入が決定した。彼らの関心の所在は、アメリカのそれと似たようなものであって、航空機が戦艦を沈められるや否やというような教義論争にはもはやないのである。

必要なことはそんなことではなく、もっと実際的で単純な算術である。当時、一航艦の航空甲参謀をしていた源田実（兵五十二期）の本を読むとそのことがよく分かる*35。当時、帝国海軍が保有する戦艦は十隻。その主砲は合計九十六門。これを一分間一発の割合で射撃すれば、三十分間に二八八〇発の八〇〇キロないし一トンの主砲弾を送り込める。命中率をわずか五パーセントに見積もっても約一六〇発が命中する。戦訓から、自分と同級の戦艦を撃沈するには自身の主砲弾平均十六発の命中を必要とすることが明かになっているから、これで敵の同級艦を十隻沈めることができる。

これに対して、母艦からの攻撃は一つは艦攻による水平爆撃、二つは同じく雷撃であるが、水平爆撃の命中率は十パーセントに満たないから（艦攻が抱く八〇〇キロ徹甲爆弾は戦艦の徹甲砲弾を改造したもので同じものと考えてよい）、同じ効果を得るためには一六〇〇機の艦攻を要し、そのためには三十隻の母艦を集中使用しなければならない。

雷撃の場合は、新型戦艦に対しては数発で沈没し、命中率は水平爆撃よりも高いから母艦は五隻程度ですむ。しかし、何れも第二次攻撃に移るには三、四時間を要するから、単位時間当たりの攻撃力にすれば、主砲の三に対して、雷撃〇・八、水平爆撃〇・一五となるので飛行機は戦艦の主砲に及ばない。水深十二メートルの真珠湾について言えば、駛走率五〇パーセントも掛けなければならない。被弾のため発射不能になるものを半分と見積もれば、真珠湾内の八隻を撃沈するためには、一艦五発として合計四十発の命中を要し、そのためにはやはり一六〇機の艦攻を必要とする。二隻づつ抱き合わせで碇泊しているものもあるから、爆撃のために五個編隊を割くと雷撃は三十六機となって、二隻を撃沈できるに過ぎない＊36。

これはアメリカも同様であるが、計算は文字通りにもっと現金である。源田と同様の計算をした結果を金額に換算して、「結論として、戦艦ならば十五隻、七億五〇〇〇万ドルで済むが、航空機で戦艦と同量の火力を発揮しようとすれば、四十五隻の空母と三三七五機の航空機が必要で、その費用は四八億五〇〇〇万ドルとなり、戦艦の方が経済的である、というわけである」＊37。

水平爆撃については、その後、爆撃法に新工夫があって四五パーセントの命中率が出るようになった。しかし、長門型戦艦の主砲弾を改造した徹甲爆弾は、昭和十六年九月中旬の段階では一五〇個しか完成していなかった（戦艦の主砲には一門当たり一〇〇発の砲弾が準備されているから、これは戦艦で言えば主砲一門半にしか相当しない）。また、従来の八〇〇キロ爆弾は魚雷に合わせて直径が四十五センチであったが、この徹甲爆弾は四十センチであったため、現状の投下器を改造する必要があったのだけれども、十一月上旬までこのことに気づかず、応急改造は機動部隊の内地出港に間に合わず、工員を母艦に乗せ、単冠湾到着までに終わらせるというドタバタもあったのである。

魚雷については、タラント攻撃に刺激されて、日本の軍令部も沈度十二メートルと網切器装備の要求を出し、後者は間に合わなかったが、前者については昭和十六年六月に安定機付きの改造魚雷が完成し、駛走率は八三パーセントに上がった。しかし、改造魚雷一〇〇本を一航艦が受領したのは十一月十七日で、一部は佐世保で受け取ったが、残りは単冠湾に後ほど加賀が持ってくることになったという塩梅だったのである。

ハワイ作戦ないし真珠湾攻撃の意味とは何か。航空第一主義などという言い方は殆ど選挙ポスター用のスローガンのようなもので、実質的に意味をなさない。戦場というフィールドを主義や決められた枠組みだけで動けるのは政治将校かアンケート調査員くらいのものである。単に航空機が戦艦を沈めたということであれば、既にミッチェルの米陸軍航空が実現している。実戦における実証ということであれば、タラントを襲った英海軍航空隊にプライオリティーがある。真珠湾で日本の海軍航空隊が行ったことは、長距離の航行と魚雷の沈度や水平爆撃の命中率の向上、魚雷の受け渡しや投下器をめぐるドタバタ、及びハワイの主力を壊滅するに足るだけの航空機の運用と母艦の集中使用などの連言なのである。この中で敢えて最もクリティカルなものを揚げるとすれば母艦の集中使用であろう＊38。

しかし、この空母の集中使用をアメリカが直ちに学んだとは言えない。アメリカは、後に述べるように、真珠湾の前も後も空母一隻で任務部隊（ＴＦ）を編成していた。一九四二年五月の珊瑚海海戦では二隻の空母が一つの輪型陣の中で行動したけれども、回避運動で距離が開き、護衛艦が二分されてレキシントンが沈んだ。かつて自分がその艦長をしていたキングは、空母の集中使用に慎重になる。六月のミッドウエイ海戦ではこの戦訓から空母は最初から二分されたが、ヨークタウンを失い、以後キングは空母が二隻で作戦することさえも禁止した＊39。ホーネットとワスプが加わった後の、六月十五日の編成は、ＴＦ11（サラトガ基幹）、ＴＦ16（エンタープライズ基幹）、ＴＦ17（ホーネット基幹）、ＴＦ18（ワスプ基幹）である。

では、ハワイ作戦と並んで、航空第一主義を切り拓いたと言われるマレー沖海戦の意味は何なのだろうか。ハワイ作戦は据え物斬りだが、戦闘体勢をとって航行中の戦艦ではそうはいかないと言う大艦巨砲主義者に最後の反証を与えて、航空第一主義を実証した、というような言い方もよくされるところである。しかし、これは艦上機ではなく、陸攻（陸上攻撃機）による攻撃であって、ハワイ作戦と同じものではない。例えば、陸攻でハワイを叩くことはできない。そして、十個中隊、陸攻八十五機（雷装五十一、爆装三十四）に先ほどの算術を適用すれば、会敵さえすれば、新型戦艦一隻と旧式巡洋戦艦一隻は沈まない方がおかしいのである（魚雷は二十一発、爆弾は三発命中した）。マレー沖海戦の意味の中心はそこにはない。海戦の起きた場所は日本軍の基地を去ること四五〇浬の海上であった。チャーチルは、当時陸上基地の航空部隊の攻撃圏は去岸二〇〇浬程度であったので英国海軍東洋艦隊司令長官フィリップス中将に落度はなかった、と弁護したというが、その常識を遥かに超えた遠距離からの攻撃の実現こそがこの海戦の意味なのである。

戦艦と母艦の建艦実績

大艦巨砲主義は戦艦の保有を含意する。そこで、日本の大艦巨砲主義についての言説を検討するに当たって、先ず、建艦の実績から見ていく。纐纈は、その結果、アメリカは「海上艦戦闘艦の建造を極力減らしてでも」「空母機動部隊群を中核とする航空兵力の充実に全力を傾注した」とし、これは日本と「対照的」であると述べる。しかし、日本がハワイ作戦、あるいはマレー沖海戦以降に竣工させた戦艦は、真珠湾攻撃の前日に周防灘で主砲の艦上射撃をして最後の公試を終え、八日未明には柱島に仮泊して、事実上完成していた大和（正式の竣工は十二月十六日）を除けば、当時艤装中であった二番艦の武蔵*40だけで、三番艦と四番艦は建造されなかったのである。昭和十六年九月二十一日に商議が行われた、続く㊄計画（軍備充実計画、昭和十七年）の概案には戦艦三隻があったが、ミッドウエイ海戦後に改められた時には（改㊄計画、臨時軍事費）、戦艦計画はなくなった。㊅計画の構想にも戦艦四隻が腹案されていたが、これは㊅計画自体が開戦とともに未着手のまま消滅した。㊄計画の戦艦のうち二隻は五十センチ砲搭載艦（A-150）で設計も出来ており、「わが海軍で設計した最後の戦艦」となった*41。

これに対してアメリカは、一九四二年三月二十日から八月十六日にかけて竣工されたサウスダコタ級四隻は無論のこと、その後もアイオワ級四隻を竣工させている。サウスダコタ級にしても、その起工は武蔵よりも一年以上も遅く、従って進水も武蔵に遅れ、真珠湾攻撃直前（十一月二十一日のインディアナ）やそれ以後の艦（二月十六日のアラバマ）もありながら、建造は中止することなく続行されたのである。アイオワ級四隻の進水は勿論これ以降のことで、ミズーリなどは一九四一年一月六日の起工から一九四四年一月二十九日の進水まで三年もかかりながらも（ネームシップのアイオワは二年二カ月、ニュージャージーは二年三カ月）、建造は断念していない。アイオワ級の残る二隻についてもケンタッキーは一九四四年十二月六月、イリノイは一九四五年一月十三日の段階で起工されており、イリノイは八月十二日に建造が中止されたが、ケンタッキーに至っては一九五〇年、進水後に工事が中止されているのである＊42。これを、航空優位を前提にして言えば、アメリカは戦艦の建造を「極力減らし」たと言うよりも、「極力」造ったと言うのが日本語の妥当な用法であるように思う＊43。更にこの後もモンタナ級の建造が予定されていて、さすがにこれは建造中止になり、こうして戦艦名にその名を記すことが出来なかった唯一の州が出来たのだけれども、それでもそれは日本が戦艦計画をなくした時よりも遅く一九四三年七月のことであった＊44。

アメリカが、真珠湾攻撃によって戦艦を不要と考えたわけではないことは、直ちに大西洋から戦艦三隻を回航させ（空母もヨークタウンを回した）、一週間後のチャーチルとの会談の時には、スタークは「真珠湾に沈んだ太平洋艦隊のサルベージ問題で忙殺されて」＊45いたことでも分かる。開戦当時、米太平洋艦隊には九隻の戦艦が所属しており（大西洋艦隊には八隻）、本土で改装中のコロラドを除いて八隻の全てが何らかの損害を受けた。この内、船体が両断されたアリゾナと転覆したオクラホマを除く六隻は修理が行われて復帰させられた。カリフォルニアとウェストヴァージニアの復帰は一九四四年になってからのことである＊46。アメリカは損傷した戦艦も「極力」修理して復帰させたのである。

「戦後間もなく海軍作戦部が策定した『海軍戦後基本計画第一号』にも、戦艦重視の発想が濃厚であった」*47。もし「大艦巨砲主義」を戦艦建造とパラフレーズしてよいならば、「大艦巨砲主義」はむしろアメリカの方であると言ってよいのである。

空母の建艦については、例えば豊田穣は「真珠湾攻撃と同時にアメリカ東海岸のすべての造船所に空母のキール（龍骨）をおいた」*48と述べている。しかし、空母は笹の小舟ではないのだから、そのようなことが出来る筈はない。仮にそれが事実だとしても、それは真珠湾攻撃に学んだせいではない。勿論、アメリカが戦艦以上に空母を建造したことは事実である。一九四二年の最後の日にネームシップが就役して以降、一九四三年に六隻、一九四四年に七隻、一九四五年の終戦までに三隻、都合十七隻を戦時中に陸続と完成させたエセックス級がそれである。しかし、本級は別に真珠湾を戦訓として造られたわけではない。計画は、一九三八年に遡り、ネームシップのエセックスは第二次ヴィンソン案としてホーネットとともに計画された。一九四〇年には三隻、一九四一年には七隻と建造が認められ、開戦時には既に十一隻が着工・計画済みだったのである*49。

しかし、ここで先ず主張したいことは、こういうことよりも、現実の事態は、歴史家が語る「大艦巨砲」と「航空優位」、日本とアメリカという過度に単純で浅薄な二元論に還元できるものではない、ということである。

例えば、武蔵については、そのとき艤装員（就役後の乗組士官）として長崎造船所にいた千早正隆（兵五十八期）は、武蔵の隣で改造工事が行われていた特設母艦の隼鷹に比べて、母艦の「重要性が実証せられたハワイ海戦後においても、武蔵に対する優先は依然と続けられ」＊50ていた、と批判している。しかし、このとき武蔵の工事を一段と多忙にさせていたのは、GF（聯合艦隊）司令部の拡大に伴う旗艦施設の大改正であり、艦政本部との交渉の過程があって工期は二カ月近く延長されていたのであり、これは直接「大艦巨砲主義」の証拠となるわけではない。「工期延長に一転した背景には、彼我の攻防が航空主導となり、超々弩級戦艦を不用とはいかないまでも、不急とする動きがあったといえないこともない」＊51という見方もある。また、隼鷹も決してその工事が軽んじられていたわけではない。「隼鷹はその完成期を促進するため已むを得ず居住区に木材を広範に使用した」＊52ほどだからである。そして、その竣工も昭和十七年五月三日で、武蔵よりも早いのである（これがミッドウェイ海戦以前、即ち航空母艦緊急増勢以前のことであることに留意されたい）。

勿論、早い遅いではない、そもそも武蔵が要らないのだ、という意見もあろう。「嶋田海軍大臣も毎々二号艦（武蔵）の建造を中止すべき意見」であったことが、当時GFの参謀長だった宇垣纏（兵四十期）の日記（三月一日付）から知ることができる＊53。しかし、軍艦は同型艦二隻で「戦隊」を構成して行動するのが原則であり、また整備や修理で任務を交替することがあることも考慮すれば、既に主砲の搭載も終わっている二番艦の工事を中止してこれを戦列に加えないというのは「夫れは待たれたしとて抑へありと福留軍令部一部長語れ」るのも無理はないと思う。少なくとも、同じ頃、大和型に対応して建造されたサウスダコタ級四隻を竣工させた米海軍に比べて、特にその判断が旧弊であったとは思われない。

　大和型三番艦（第一一〇号艦）についても、千早は、「そのままずるずると工事を続けていた」＊[54]と述べて、そこに揺るがぬ「大艦巨砲主義」の証を見ている。しかし、実情は、「戦艦トシテノ工事ヲ中止シ　浮揚出渠サセルニ必要ナ工事ノミヲ進メ　ナルベク速カニ出渠セシムベシ」の訓令の下、必要な工事だけが、「細々と続行された」＊[55]に過ぎない。四番艦（第一一一号艦）は、艦底防御増強問題で工事が停頓している時に開戦となり、他の工事の犠牲となって進捗しないまま、ミッドウェイ海戦後、正式に建造取りやめとなり、直ちに解体された＊[56]。解体された二重底の上方で大型潜水艦四隻が急造され、その間も解体は続いて、その廃材は航空戦艦伊勢や改造母艦神鷹の資材に転用された。何れにせよ、戦が始まれば、損傷艦船の修理、戦時急造艦の工事、戦訓による兵装・防御の改造工事があって、三年も四年もドックを塞いで悠長に戦艦をこしらえている余裕はなく、早々に浮揚させるか解体してドックを空けなければならないのが現実なのである。

　そして、新造艦についても、「開戦前後には潜水艦が最も要望され、掃海艇、駆逐艇が之に次いだ。開戦後は一時空母増強が焦眉の急となり、戦局の固着化からガダルカナル撤退までは各型小艦艇が要望され」＊[57]というのが前半の実情であり、開戦後に着工して完成した大型艦は僅かに雲龍型母艦三隻と軽巡酒匂のみである。

　しかも、「一一〇」は、ミッドウェイ海戦後、飛龍改型母艦二隻を同時に建造したいので、ドックを空けるようにとさえ言い渡されたというのであるから＊[58]、戦艦の立場は既にない。

これを母艦として改造することになったのは、「一一〇」に対する現場の「抜きがたい」「愛着」＊59という、大艦巨砲主義とも航空第一主義とも無縁な事情なのである。

しかし、母艦についてはこのような冷遇はない。「一一〇」「一一一」と同じ㊃計画（昭和十四年軍備充実計画）に含まれている大鳳は、工事中止の浮き目を見ることなく、昭和十九年三月七日に竣工を迎えたし、戦争直前の㊅計画（昭和十六年戦時建造計画）による雲龍も無事建造されている（昭和十九年八月六日竣工）。その㊅計画が正式商議された十一月六日の商議において示された「兵力整備ノ緩急順序」では、第一位が航空機、航空母艦は第三位で、戦艦は第七位、その他を除けば最下位であった＊60。

機動部隊の建制の遅れ

日本の大艦巨砲主義による拘束の決定的な証拠としてよく用いられるのは、機動部隊の建制化の遅れである。機動部隊は、ミッドウエイ海戦後の七月十四日に第三艦隊として建制化されたが、先ずこれが遅い。これに比べて米海軍は真珠湾のあと空母中心の編成と作戦に直ちに切り替えられたという言い分がこれに続く。縷縷の言う機動部隊の「編成」の着手とガダルカナル島撤退以降の「航空第一主義」への「切り替え」、そしてその遅れもその一例である。

先に、ガ島撤退以降の「切り替え」のことから述べるが、これは、その時期から言って、山本五十六ＧＦ長官が自らラバウルに進出して、基地航空部隊（十一航艦）だけではなく、母艦航空部隊（三艦隊）もラバウルに集結させて指揮をとった「い」号作戦（フロリダ沖海戦）を指す筈である。山本長官の白い二種軍装の映像は今でも鮮明に記憶されている。しかし、ここで読みとるべき物語は、「大艦巨砲主義」に対する「航空第一主義」という毎度お馴染み、単純浅薄な善悪二元譚というよりも、母艦の脆弱性とそれに見合わないかも知れない建造の費用と日数の多さの再認識に基づく基地航空重視の「芽ばえ」＊61という、もう少し細かい物語なのである。

実はこれは「芽ばえ」ではない。海軍における「航空第一主義」者としては、大西瀧治郎や井上成美（兵三十七期、小沢の同期、一九〇九年組相当）などが知られているが、彼らが重視していたのも、航空は航空でも基地航空なのである。もっと簡明に言えば「海軍の空軍化」＊62である。大西は、昭和十二（一九三七）年七月、航本教育部長として、空軍独立論に応じて書いた「航空軍備ニ関スル研究」において、「帝国海軍ノ任務タル西太平洋ニ於ケル制海権ノ維持ニ関スル限リニ於テハ強大精鋭ナル基地航空兵力ノ整備ガ絶対条件ナルコト」＊63と述べている。昭和十六（一九四一）年三月一日、十一航艦参謀長から航本への移動の報告の際にも宇垣に同様の持論を展開したらしく、先に引いた宇垣の日記はそれに続くものである＊64。

井上も、昭和十六年一月、航空本部長として軍令部の㊄計画要求案を批判して海軍大臣に提出した「新軍備計画論」において、「旧時航空母艦搭載機ヲ海軍航空兵力ノ主体ト考ヘタル時代ニ於テハ海上航空兵力ト水上艦艇ハ双方相関的ニ依存ノ形ニシテ空母ナクシテ海上航空兵力ハ考ヘラレズ　従ツテ或ル程度ノ水上艦艇ノ威力ニヨル局部的制海アリテ始メテ艦隊上空ノ制空成立シタル次第ナリシガ近時基地用飛行機ノ発達ニ依リ海上ニ活動スル航空機ノ主体ハ陸上飛行機及飛行艇トナリシ今日ハ制空ハ制海ノ前提条件ナクシテ即チ水上艦艇ナクトモ単独ニ航空兵力ノミニヨリ之ヲ求メ得ベク」＊65と述べている。後の噛み砕いた言い方では、「陸上航空基地は絶対に沈まない航空母艦である。航空母艦は運動力を有するから使用上便利ではあるが、極めて脆弱である。故に海軍航空兵力の主力は基地航空兵力であるべきである」＊66ということである。「い」号作戦やこれ以降も繰り返し行われた母艦航空兵力の基地投入は、小沢が進めていた三艦隊の再建を阻害したものとして否定的に評価されるのが一般的であるが、井上ならば再建の必要なしと言ったかも知れないのである。

仮に基地航空への転換が遅れたのだとしても、そのことで、「空母機動部隊群を中核とする航空兵力の充実に全力を傾注したアメリカ」に遅れたと言えるわけでないことは無論である＊67。航本技術部長の山本が注力したのも陸攻である。

機動部隊に話を戻せば、縷縷が指摘している機動部隊の「編成」は、ミッドウエイ海戦で主力母艦の四隻を失って、一航艦が事実上壊滅した後のＧＦの「編制」改編のことを指す。この時、一航戦と二航戦（母艦各二）が再編成され、十一戦隊（戦艦比叡・霧島）、七戦隊（重巡二）、八戦隊（重巡二）、十戦隊（軽巡一・駆逐艦十六）を合わせた「三艦隊」が新編された。

「編制」とは「固有編制」で、喩えれば本籍のようなものである。開戦前の昭和十六年十二月一日の「編制」では、ＧＦは、司令長官直率の一戦隊（長門、陸奥）を別として、九つの艦隊で構成されていた。この内、一艦隊は戦艦基幹の決戦部隊、二艦隊は重巡基幹の漸減部隊で、これは伝統的な漸減「邀撃作戦」に則ったものである。これ以前の「編制」では、一戦隊は一艦隊に属し、一艦隊司令長官はGF長官の兼務であったから、ここでGF長官は、黄海海戦以来の、単縦陣の先頭に将旗を掲げて艦隊を指揮する戦術指揮官であることを止めたことになる（ここでのもう一つの特徴は、一航艦と十一航艦という航空部隊の編制である）。

「固有編制」は具体的な戦闘を念頭に置かれたものであるが、現実の作戦においてはこれに対応して更に編成し直す。これを「軍隊区分」といい、現住所のようなものである。例えば、一航艦は、各々二隻の母艦と駆逐隊からなる四つの航戦から構成されていたが（一航戦、二航戦、四航戦、五航戦）、ハワイ作戦の時に編成された「機動部隊」はこれを基幹として、ここから秋雲以外の全ての駆逐隊と四航戦を除き、一艦隊から比叡・霧島と軽巡阿武隈と駆逐隊一を、二艦隊から重巡利根・筑摩と駆逐隊一を抽出して加え、給油船七隻を併せた「軍隊区分」である。

戦艦に金剛型を選んだ理由は戦艦の中で最大の速力（二九・八ノット）と航続力（十八ノットで九八〇〇浬）を有して母艦に随伴できること、重巡に利根型を選んだ理由は巡洋艦最大の航続力（十八ノットで八〇〇〇浬）と水偵を六機搭載できること、駆逐艦に陽炎型を選んだ理由は航続力（十八ノットで五〇〇〇浬）である*68。利根型は最新の重巡、陽炎型は大和と同じ㊂計画で造られた当時最新の駆逐艦である。従って、「機動部隊の編成」ならば、ハワイ作戦の時に実現しているのである。

筆者はここでかなり些末な問題を取り上げようとしているのだろうか。そうかも知れない。

しかし、そうでないとすれば、筆者は日米の比較は、我彼の表面においてではなく、各々のシステムにおいて、行うべきだと言いたいのである。

「固有編制」と「軍隊区分」のような違いはどこでも有り得ることである。米海軍の場合、艦隊編成は艦種別のタイプ編成と任務に応じたタスク編成に分けられ、各々タイプ・フォースとタスク・フォース（任務部隊と訳される。本稿でＴＦと略記するのはこれを指す）と呼ばれている。タイプ・フォースでは通常の補給や訓練が行われ、作戦時に、任務に応じて必要な兵力をＴＦに提供する。従って、ＴＦは常に寄せ集めの編成であるが、そのために米海軍は装備や訓練の標準化を進めており、そのため、例えば、日本の母艦航空隊は母艦に所属しているのに対して、アメリカはそうではなく、従って交替も可能である。日本の「固有編制」は具体的な戦闘を念頭に置いている点において「軍隊区分」と機能的には重なるのに対して、米海軍の編成ではそれが区別されているのは大きな違いかも知れないが、それでも、彼の「タスク編成」と比べるべきなのは、我の「軍隊区分」であって、「固有編制」ではない。アメリカは発想を切り替え、直ちに空母中心の編成で日本への反撃を開始した、というのはよく聞かれる言説であるが、米海軍が編成したのは従前通りのＴＦなのである。しかもそういうものならば帝国海軍も「機動部隊」として既に編成していたのであって、ミッドウエイ海戦後の「三艦隊」は単にこれを「固有編制」としたものだと言ってよいのである＊69。しかも、対空対潜用の初の駆逐艦戦隊（十戦隊）は海戦前の四月十日に編成されたものである。

開戦当時の米太平洋艦隊の編成は、戦闘部隊・索敵部隊・哨戒機部隊・根拠地部隊に分かれ、戦闘部隊は戦艦群（戦艦戦隊三）・巡洋艦群（巡洋戦隊三）・航空機群（航空戦隊二）・駆逐艦群（駆逐戦隊二）・敷設艦群から、索敵部隊は巡洋艦群（巡洋戦隊二）・潜水艦群（潜水戦隊二）からなっており、純然たるタイプ編成であった＊70。

開戦時に生きていた太平洋艦隊実施計画（WPPac-46）においては、戦闘部隊指揮官が指揮するＴＦ１（戦艦六基幹）、戦闘部隊航空機群指揮官が指揮するＴＦ２（戦艦三基幹）、索敵部隊指揮官が指揮するＴＦ３（重巡八基幹）以下、ＴＦ10までタスク編成され、そこでは空母はＴＦ１・２・３に一隻づつ分属されていた。開戦後は、ＴＦ１はできるだけ多くの軽巡と空母をＴＦ２に編入し、開戦六日目に出港、十二日目にＴＦ２と合同。ＴＦ２はできれば空母を編入して、二日目に出撃、六〜九日目にマーシャル諸島を偵察奇襲、一旦避退してＴＦ１・３に合同、十四日目にマーシャル諸島を再奇襲することになっていた＊71。

しかし、このタスク編成は一部の部隊しか実施していなかった。実際に起きた歴史においては、ＴＦ２指揮官のハルゼー（一九〇四年組、山本の三十二期相当）は、空母エンタープライズ、重巡三、駆逐艦九を抽出してＴＦ８を編成し、十一月二十八日、ウェーク島に向け真珠湾を出ていた。ニュートン少将は、十二月五日に、空母レキシントン、重巡三、駆逐艦五からなるＴＦ２を臨時に指揮してミッドウエイ島に向けて出港していた。同日、ブラウン中将も重巡一、掃海艇五よりなるＴＦ３を率いてジョンストン島に向けて真珠湾を後にし、これらは現地時間十二月七日には洋上にあった。真珠湾攻撃に対して、太平洋艦隊司令官のキンメルは直ちに索敵・反撃を命じ、空母サラトガをサンディエゴ港から戻して、ＴＦ14としてウェーク島救援に向かわせ、レキシントン部隊はＴＦ11と命名されてヤルート島攻撃に向かい、ハルゼーのＴＦ８はオアフ島掩護に当たった。

作戦の変更について言えば、スターク海軍作戦部長が実施を命令していた米国基本戦争計画は真珠湾攻撃を受けたことによって不可能になり、八日午後に修正戦争計画を接受したキンメル司令部の方針は「我々が蒙つた損失に依つて、太平洋戦争のわが戦略は根本的に修正する必要がある。戦艦群の損失は、わが諸部隊が再建され得るまで我々をして戦略的守勢を取ることを余儀なくせしめる。しかしながら航空母艦、巡洋艦、駆逐艦より成る甚だ強力な攻撃機動部隊が生残つている」云々*72という消去法的選択でしかなかった。駄目を押しておくが、「再建」であって、「切り替え」ではない。事実、米海軍は真珠湾から戦艦をサルベージした。

十二月十七日、キンメルが解任され、ニミッツ（一九〇五年組、兵三十三期相当）が引き継いだ（十二月三十一日）後もその方針に変更はない。ＴＦ８はマーシャル諸島のウォッゼ環礁とマロエラップ環礁（タロア島）とクェゼリン環礁（ルオット島）を攻撃し、ヨークタウンの部隊（ＴＦ17）は南部のミリ・ヤルートとギルバート諸島のマキンの各環礁を攻撃した。僅かの戦果は過大評価され、誇張された戦果は報道陣によって更に水増しされた。こうして、ハルゼーは「太平洋戦争最初の英雄」*73となった。

以後も、これら空母部隊が正面に出ることになる。空母のフル活用は合衆国艦隊司令長官で一九四二年三月二十六日以降は海軍作戦部長も兼務したキングによる*74。これは、「切り替え」ではなく、他にＴＦの組みようがないという消極的な選択だとも言える*75。これらの空母部隊による作戦行動は戦艦を目標としたわけではないから、これが航空第一主義の証明になるわけでもない。日本についても、もし彼らが本来の意味において大艦巨砲主義を信じていたのならば、既に機動部隊による敵主力の漸減は完了している以上、戦艦部隊が太平洋に押し出して行ってよい道理になるのであるが、そういうことをしなかったのは、彼らは既に大艦巨砲主義を本当には信じてはいなかったということを示している。

米海軍が十二月十八日に行った機構改革も、従来の大西洋艦隊・太平洋艦隊などを統一指揮する合衆国艦隊の新設であり＊76、パイ中将（一九〇一年組、キングと同期）指揮の戦艦部隊（TF1）の解隊や空母部隊の新編などではない。損傷を受けた戦艦の修理とコロラドの改造も一九四二年三月までに四隻が完了し、大西洋から増強された三隻と併せて、戦艦は七隻にまで回復していた。しかし、これらは何れもワシントン条約以前の旧式戦艦で、二十一ノットの低速では三十四ノットで走る空母部隊に随伴することは不可能であった。キングは二月五日付けの命令で「六隻の戦艦を含むあらゆる兵力を使用して」＊77攻撃することを命令したが、ニミッツの司令部は不可能だと断っている。代わりに、ハルゼーの部隊を新たにTF16として、ウェーク島とマーカス島を攻撃させることにしたが、「戦艦をこの作戦に使うことことだけは拒否した」＊78のである。

その後、戦艦部隊は支援部隊となり、パイがそのまま司令官となったが、低速の戦艦がどうやって高速の空母を支援できるのか、「さっぱり方法がつかめていなかったのである」＊79。燃料を食うだけなので本国西岸に戻させてもいる＊80。ミッドウエイ海戦の時も出撃はしたけれども、戦闘には寄与できなかった。これは、日本と同じである。ガダルカナル攻防戦の間も、ＴＦ１はハワイで訓練を行っていたが、「これらの戦艦は八隻乃至十隻の駆逐艦と、ガダルカナル作戦でもっと役に立ったであろうと思われる三人の提督を釘附けにしたのである」＊81。日本の戦艦は決戦に備えて柱島に控置されていたと言われるが＊82、アメリカも無用の戦艦を控置し続けていたのである。

ＴＦ１そのものは、一九四二年の九月二十日に指揮官がパイ中将からリアリー中将に交替しても残され＊83、一九四三年三月十五日にＴＦ50と呼ばれて後の第五艦隊の名目上の核となるまで＊84、続いたものと考えられる。新空母のエセックスが合同するのはこの年の五月である。

大艦巨砲主義による拘束の証拠として、開戦時に軍令部一部長の職にあった福留繁（兵四十期、一九一二年組相当）の戦後の著作『史観・真珠湾攻撃』から「開戦後の機動部隊のはなばなしい活躍と大戦果を知ったが、多年戦艦中心の艦隊訓練を行ってきたため、なお艦隊決戦の主力は大艦巨砲で、航空母艦基幹の機動部隊は、補助作戦に任ずべきものとする自分の頭は、転換できなかった」という一節が引かれることもある＊85。筆者は、全く同じ文を『史観・真珠湾攻撃』の中に見出していないが、三五六頁にあるこれと同じ主旨の文は、「アメリカ海軍も少くも戦争初期にあっては同様に主力艦中心主義であったことはその艦隊編制を見てもわかる。ところが、アメリカ海軍がいよいよ進攻し始めたのを見ると、彼は南雲艦隊方式の機動部隊編制をとっていたのである」＊86と続けられる文脈にある一文である。これは今述べたＴＦ１からＴＦ50への移行について語っているのは明かで、福留は、編制について言えば、アメリカも一九四三年三月頃までは「主力艦中心」であったと言っているに過ぎない＊87。

さらに、機動部隊を固有編制にしないことが、なぜ大艦巨砲主義の証明になるのかも疑問である。航空機は戦艦に対して無効であると本当に信じられていたとするならば、そもそも軍隊区分として、機動部隊を編成することの方が先ずおかしいのである。開戦前、ハワイ作戦には軍令部を始め多くの反対があった。しかし、その主なものは南方作戦との間での他ならぬ航空兵力の奪い合いであり、航空機が戦艦を沈められないという理由での反対ではない。機動部隊を固有編制にするか否かは二義的な問題に過ぎない。そして、それ以後、聯合艦隊も軍令部も機動部隊の建制化の必要性は認めていたのである＊88。

第三艦隊の編制についても、これに水上部隊が含まれておらず未だ不充分であり、これが、第一機動艦隊として実現したのは昭和十九年三月一日で甚だ遅いと言われる。しかし、これもガダルカナル攻防戦期に前進部隊と機動部隊をもって編成された支援部隊の建制化に過ぎぬと言ってよい。この間、昭和十八年八月九日には、第二艦隊司令長官が近藤信竹中将（兵三十五期、スプルーアンスの一九〇七年組相当）から栗田健男中将（兵三十八期、パウノール・ミッチャーの一九一〇年組相当）に交替して機動部隊指揮官（小沢治三郎中将〔兵三十七期〕。昭和十七年十一月一日、南雲忠一〔兵三十六期、キンケードの一九〇八年組相当〕から三艦隊司令長官の職を引き継いでいた）が先任指揮官となり、彼による所在部隊の統一指揮ができるようになった＊89。六日後の八月十五日には基本編制が発令された。基本編制とは「教育訓練ノ実施」をする「全作戦期間ヲ通ジ適用可能ナル軍隊区分」のことで、砕いて言えば、固有編制と「各作戦毎ニ定ムル軍隊区分」＊90の中間的なものである。機動部隊基本編制ではその第三に「第三艦隊及第二艦隊ヲ基幹トシテ聯合機動部隊ヲ編成シ第三艦隊司令長官ヲ聯合機動部隊指揮官トス」＊91がある。これらを取りまとめる中心となったのはその二ヶ月前の六月十一日付けでＧＦ首席参謀となった高田利種大佐（兵四十六期）であるが、彼はこの前は三艦隊の首席参謀として三艦隊の計画・作戦指導の中心であった＊92から、第三艦隊の戦策が聯合艦隊に持ち込まれたのだろう。米海軍でも、それまで個々に使用されていた空母が空母群としての運用を始め、中部太平洋地域軍（第五艦隊）麾下に高速空母任務部隊が創設され、その指揮官にパウノール少将（一九一〇年組、兵三十八期相当）が任命されたのは、八月の六日で同じ頃である＊93。これも日本の軍隊区分に比すべき任務部隊である。

そして、聯合機動艦隊の建制化の遅れそのものは「機動艦隊司令部の著しい強化を要し、現状の聯合艦隊司令部のほかにかような司令大部を創ることは不適当という」「海軍部の考え方」＊94によるのである。日露戦争時に東郷提督が率いた聯合艦隊は、戦艦六、装甲巡六を基幹とするいわゆる六六艦隊であるから、太平洋戦争開戦時の母艦六を基幹とする南雲機動部隊か、ガダルカナル攻防戦期の前進部隊と機動部隊が聯合した支援部隊に相当する。何にせよ、日露戦争期の聯合艦隊司令長官は純然たる戦術指揮官であって、指揮官先頭というスローガンは単縦陣で艦隊運動をした当時においては文字通りの意味があった。しかるに、太平洋戦争時には艦隊の規模が飛躍的に増大して、聯合艦隊司令長官は戦術指揮官を越える存在となり、軍令部総長と重複する地位を占めるようにもなった。事実、昭和十八年春以降、軍令部で聯合艦隊の編制の研究が行われた時には、聯合艦隊司令部解消の可否が論ぜられている*95。このような状況において、新たに聯合艦隊司令部に匹敵するような司令部を作ることに躊躇があるのは理解できるし、何よりこれも大艦巨砲主義には関与しないことである。

戦艦の控置または運用

次に、大艦巨砲主義批判という言説がその根拠としてしばしば用いる、帝国海軍は大艦巨砲主義に拘束されていたが故に戦艦を使用しなかった、という語りを検討する。

一九四二年六月二十六日太平洋に移動してTF16に加わった、五インチ両用砲搭載の新型高速戦艦ノースキャロライナを（開戦当時は大西洋で既に慣熟訓練中だった）、八月二十四日の東ソロモン諸島海戦（日本名は第二次ソロモン海戦）で、エンタープライズの直衛艦として使用したことは、艦隊決戦に備えて戦艦を控置していた（と言われる）日本に比べて、アメリカがいち早く大艦巨砲主義を脱したことの証拠としてよく引かれる例である。この海戦ではエンタープライズの損害を爆弾三発の命中に止めたとされる*96。

更に、九月十五日ノースキャロライナが魚雷を受けて後退したあと任務を引き継いだ次級の戦艦サウスダコタはボフォース式四十ミリ機銃を装備して、ノースキャロライナよりも有力な近接対空火力を持っており、十月二十六日のサンタクルーズ諸島海戦（南太平洋海戦）ではエンタープライズを掩護して日本機二十六機を撃墜したとされる（空母には爆弾三発命中）。これ以前の海軍式二十八ミリ機銃は量産向きではなく、操作も複雑で急増していた新兵に操法を熟達させるのにも困難があったが、後継の四十ミリ機銃はスウェーデンのボフォース社製機銃を改造して旋回・俯仰用動力を付加させたものである。本生産に入ったのは一九四二年の後半からであるが、換装が決定したのは一九四〇年十一月であるから、この換装は真珠湾の戦訓によるものではない。

しかし、批判者たちは、ニミッツ提督もその使用法を見つけられずにパイ中将麾下の旧式戦艦の任務部隊（ＴＦ１）を戦場に投入することを認めなかったこと*97には言及しない。ノースキャロライナの姉妹艦で、東ソロモン諸島海戦の五日後に太平洋に進出して以来二年半リー提督が座乗したワシントンと彼が指揮した戦艦部隊に考慮が及ぶこともない。そもそもが新型戦艦はノースキャロライナとサウスダコタだけではない。十一月、ワシントンはサウスダコタを加え初めて戦艦戦隊を率いＴＦ64を構成した。そして、南太平洋戦域軍（一九四三年五月以後の第三艦隊）司令官のハルゼーはエンタープライズの損傷を恐れ、サウスダコタとワシントンを分離し、十一月十四日のガダルカナル夜戦（第三次ソロモン海戦）では霧島との間にベアナックルの拳闘のような砲撃戦を戦わせて、これを沈めた。サウスダコタが後退した後も、ＴＦ64は、一九四三年の新年にインディアナと復帰したノースキャロライナが加わって三隻となり、三月にはマサチューセッツも合流してこの任務部隊は戦艦四隻に増強された。サンタクルーズ諸島海戦以降、戦艦が空母の防空艦として実際に働いたとして引かれる例は、戦争末期の特攻機に対する防御までない（しかも、特攻機に対して両用砲は余り有効ではなく、四十ミリ機銃も不充分だった*98)。航行中に戦艦が空母を直衛することはあっても、戦闘になると、戦艦群は分離された。フィリピン海海戦(マリアナ沖海戦)の時でも、レイテ湾海戦(比島沖海戦)の時でも、リーの部隊は健在だったのである。

ニミッツも、一九四二年九月の会議でフォレスタル海軍次官に、これらの新型の高速戦艦を「送ってもらったことに感謝の意を表しながらも、失われた重巡の代わりを戦艦に努めさせるにはどうすればよいのか途方に暮れていると語った」*99。戦艦は大量の油を消費する。高速と言っても二十七ノット程度の速度では高速空母に随伴するには不足気味で、これは大和型についても同様である(軍令部の要求は三十ノット以上で、これが実現していれば用兵も変わっていたと言われる)。GF主務参謀の言によれば、ガダルカナル攻防戦で陸奥級の戦艦投入が一回でおわったのも、燃料不足のせいである*100。防空艦ならば巡洋艦の方がよいのである*101。

日本はどうか。この時期、日本が保有していた戦艦は十二隻。その内、金剛型の四隻は忙しく立ち働いていた。彼女たちの三十ノットの速力が重宝したのである。但し、舷側水線装甲二〇三ミリなので、批判者たちはこれを戦艦としては勘定していないのだろうか。

伊勢と日向は航空戦艦に改造することが決まり、昭和十七年七月十四日に聯合艦隊の附属となっていた*102。扶桑と山城も、昭和十八年度帝国海軍戦時編制制定の頃には同様に決定されたから*103、これらをソロモン海域に送らなかったのには理由がある。即ち、帝国海軍は彼女たちの戦艦としての能力を最早信じてはいなかったのである。

長門は内地にあったが、同型艦の陸奥はこのとき前進部隊に編入されて、八月十一日に出撃、十七日にトラックに進出した。しかし、二十四日の第二次ソロモン海戦では二十八ノットの速力で急速南下する前進部隊に随動できずに駆逐隊の護衛のもと後方に残り、その後は聯合艦隊主隊に編入されてトラックに残留した＊104。二十五ノットしか出せない旧式戦艦は母艦と連携した作戦は取れず、使用法が見出せなかったのである。それでも、一艦隊所属の陸奥を二艦隊基幹の前進部隊に編入させたことは旧来の戦艦用法の変更であり、この一年半後に一艦隊を解隊し大和・武蔵・長門の三戦艦を二艦隊に編入させたことの嚆矢とすることができる。言うまでもないことだが、それが成功したか失敗したかは今の論点に関与しない。しかも、これらは何れも米海軍も当時使用しなかった旧式戦艦なのである。

ノースキャロライナ級のカウンターパートは大和型である。大和も、八月十七日に柱島を出撃（この時、聯合艦隊司令部も移動したことになる）。二十四日に敵発見確実となるに及んで二十ノットに増速して「戦場に急行」したが＊105、戦機は去った。前進部隊と機動部隊前衛が反転北上した地点までは概算で五〇〇浬の航路を余していたが、これでも実戦に投入しようとはしていたのである。大和の速力も二十七ノットに過ぎない。ノースキャロライナの速力も二十七ノットであるが実際は三十ノット位出たらしい＊106。武蔵は、竣工は同年八月五日であるが、出動訓練もあり、また九月三日から二十八日にかけては対空用の二十一号電探を装備するなどの残工事をしていた。トラックに向けて出撃したのは明けて昭和十八年の一月十八日である。

しかし、これ以降、大和（や武蔵）がトラックに錨を降し続けた一つの理由は、ここに聯合艦隊司令部があったということだと考えられる。無論、聯合艦隊司令部を陸に置くか艦に置くかも大艦巨砲主義か否かに関与的なことではない。事実、開戦前に聯合艦隊司令部が第一艦隊司令部から分離した際に、これに反対したのは航空派とされる小沢治三郎少将であった*107。

第二次ソロモン海戦後の九月初旬頃から戦艦による飛行場の砲撃が研究され*108、十月十三日の夜、挺身攻撃隊（第三戦隊の金剛・榛名）によるガダルカナルの飛行場砲撃が行われた。これも戦艦の新しい使用法になる筈である。この時、対空用に開発された三式通常弾が使用されたことはよく知られているが、このような主砲弾があること自体、大艦巨砲主義に拘束されていたという言説が単純に過ぎることを意味している。発案者が、戦後に至るも航空主兵主義を批判して倦まない大艦巨砲主義者の黛治夫中佐であるとすればなおさらである*109。ちなみに、ワシントンに、海岸防備や飛行場施設を粉砕するための新しい砲弾が積み込まれたのは、翌年の一九四三年五月二十六日になってからのことである*110。

しかし、この砲撃についても金剛型以外の戦艦を参加させずにこれを控置していたのは、大艦巨砲主義による拘束であると言われる。「戦艦は艦隊の主力である」という聯合艦隊主務参謀の言*111もある。しかし、長官の山本提督は既に戦艦を「骨董品」*112と見なしていたのであるから、参謀の言は言葉の綾と言うべきものであろう。事実、彼は「実は燃料が足りないので」*113と続けている。これを「遁辞に過ぎない」*114と評するむきもあるけれど、「呉の在庫量六十五萬噸に減」*115じ、補給は「遅れ気味手一杯の状態」*116で、「罐用重油本年十一月に心許なしと云ふ」*117状況であり、またトラックには「陸上タンクの完成せ」*118ず、補給艦不足から「戦艦化して海上タンクとなる」*119という塩梅だったのだから、これを遁辞とのみは言い切れまい。米海軍もまた「かぎりある空母の燃料まで食いつぶしかねな」い戦艦を西海岸に戻させたり、「大量の燃料を消費する戦艦に油を供給していけるだけのタンカーの手持ちがな」く、ノースキャロライナなどの新型戦艦の使用に「途方に暮れてい」たのである＊[120]。

遁辞に過ぎぬと言う御田俊一は戦艦不使用を怯懦のせいとしている。確かに、この砲撃の研究において、「三戦隊司令官の栗田健男少将等は戦艦を長時間敵前にさらすことは危険のみ多く、陸上に対する艦砲射撃効果は少ないとの理由で反対した」＊[121]。十一戦隊司令官の阿部弘毅少将が指揮する機動部隊前衛も、第二次ソロモン海戦の時には「新戦策」に反して積極的に進出しなかったし＊[122]、南太平洋海戦の時も「前衛の進出は積極的でなく、早く所定配備に就こうとする気配は見られなかった」＊[123]。第三次ソロモン海戦前の研究でも第二艦隊首席参謀の鈴木正金中佐の消極的な態度が見られた＊[124]。この砲撃について、「山本長官は極めて積極的で、必要な砲術参謀だけをつれて自ら実施する」＊[125]とまで言ったようだが、「艦沈没するに際し、艦長の生還するを喜ばずと為さば」「長官の命令は渋るべきなり」＊[126]という事情からかそれは立ち消えた。

砲撃の研究の結論としては、「行動海面、行動時間に制約がある」＊[127]ことがその理由となった。アメリカもこの海面で旧式戦艦を使用しなかった理由に「海図は甚だ不完全」＊[128]であることを挙げているから、強ち不当な理由ではない。しかし、燃料不足であれ、怯懦であれ、或いは行動海面の制約であれ、それは大艦巨砲主義には関与しないことである。怯懦については敵の航空機を恐れていたのであろうから、むしろ彼らは皆、航空優位を信じていたと言うべきであろう。

一九四三年春、エセックスがハワイに姿を現し、以後、同級の空母と軽空母のインデペンデンス級とアイオワ級戦艦が逐次竣工され始めると、「空母を含む艦隊の編成や運用方法等がさかんに討議されはじめた」*129。アイオワ級は三十三ノットの高速で空母部隊の直衛には好適であるが、そのために戦艦の条件である対応防御力を持たない特異な戦艦である（アイオワと同級のニュージャージーが太平洋に進出したのは一九四四年一月）。しかし、この編成と運用も、ニミッツによれば、「これらがニューギニア＝ミンダナオ軸線の支援に使用される場合は、それは空母の無駄使いとなる」ために、「マッカーサー将軍の強い抗議」と英国の「異議」にもかかわらず、「日本に対する進撃の主要路線として、中部太平洋軸線を開くこと」を選んだ結果でもある*130。そして、その軸線は、「海軍将校の遺伝子に組み込まれて」*131いた「オレンジ・プランのクローンだった」*132のである。

一九四三年八月五日、中部太平洋戦域軍（第五艦隊）とその麾下の空母群（TF58）が創設され、前者の司令官にスプルーアンス（一九〇七年組、近藤信竹の兵三十五期相当）、後者の指揮官にパウノールが任命されて、ようやくこの段階で、その運用は、「空母の集団使用に関する試験台」となり、「護衛艦がつくる輪型陣の中に数隻の空母を配して行動すべきで、防衛については、これまでのように操艦に頼ることをやめ、直衛戦闘機の集中と近接信管を装着した高角砲弾の大量撃ちあげに依存することが望ましい」とされる「理論」が提供されることになった*133。この理論によれば、艦隊運動は一斉回頭・一斉変速に従い、単艦による魚雷回避運動などは一切してはならず、攻撃機を墜すか、さもなければ黙って魚雷に当たるかになる。エアクラフト・キャリアーの周りに護衛艦を配するこの戦法は、ボール・キャリアーの周りにブロッカーを配し、タックルを受けてもボールを回さないでひたすら前に向かってもがくアメリカのフットボールに似ている。

しかし、輪型陣や空母を艦隊に組み込むという発想はこの時に生まれたものではない。ニミッツの伝記作家は、「この新しい陣形を艦隊に導入する栄誉は、ニミッツだけに与えられる」*134と語っている。それによれば、輪型陣は、シムズの兵棋演習から、マクフォール中佐の発案によって生まれ（マクフォールは海軍大学時代のニミッツの同級生である）、一九二三年、戦闘艦隊の副官兼副参謀長兼作戦参謀に任命されたニミッツによって導入されたものというのである。またニミッツは、翌一九二四年、当時唯一の空母だったラングレーが戦闘艦隊から離されて運用していたのを、航空局の反対を抑えて、戦闘艦隊に編入させ、輪型陣に組み込んだともいう。ニミッツは、これが大戦中のアメリカの空母部隊の「航行用体形の基礎」*135であると語っているが、もしそうならば、この戦艦の用法も真珠湾の十七、八年前に遡ることになる。

しかし、ニミッツの栄誉には少し語弊があると思う。伝記作家は、早い時期の空母の艦隊への編入が海軍航空部門の進歩を遅らせたという、航空関係者の批判があるとも述べているからである*136。ニミッツの用法はその後しばらく立ち消えになっていたが、一九三一年、再び戦闘艦隊に航空艦隊が組み入れられる。一九三二年には航空艦隊司令官ヤーネル少将の反対にもかかわらず、レキシントンは大西洋の偵察艦隊所属、ラングレーもアジア艦隊に編入されて分属させられる。一九三七年の第十八回演習では、戦闘艦隊司令官のブロック大将は「空母群は戦艦群と行動を共にし、戦艦、巡洋艦の対空砲によって守られるべきだ」と考えたのに対して、航空艦隊のホーン司令官を始めタワーズ参謀長らは「制空権は前もって航空戦力によって獲得しておかなければならない。敵空母群の航空兵力圏内に入れば、味方艦隊の安全などあり得ない。航空艦隊は、たとえ戦艦群の安全性が損なわれても独立して運用されるべきだ」*137と考えた。翌年航空艦隊司令官になったキングも、航海局長に意見具申して、航空艦隊を一人の指揮官（つまりキング自身）の下に集中し、低速の戦闘艦隊から分離して偵察艦隊の所属にせよと述べている*138。この考えをより徹底させたのが、後に述べる、日本の小沢である。こうして見れば、アメリカ海軍には、戦艦と空母の間にワニとワニチドリの如き共生を考える戦闘艦隊側と空母を荒野の狼の如くに独立して運用しようとする航空派の対立があり、米空母部隊の「航行用体形の基礎」といわれるニミッツの空母運用は、戦艦部隊を中心とした用法の系譜に位置づけられるのである。

事実、キンメル提督の後任となったニミッツ司令官は、戦艦で日本艦隊と戦うつもりだったと言い、「それが海軍というものじゃないかね」と答えたという*139。米海軍の大艦巨砲主義は健在だったのである。モリソンはまた、「珊瑚海海戦はその後常に反復されるべき戦闘の形態をきめたものであると主張した航空兵力至上論者の自信に満ちた予言は、まだ早計であることがその後に証明された」*140と述べているから、珊瑚海海戦の後でも米海軍に航空兵力至上論は確立していなかったのである。

ニミッツには航空のキャリアはない。航空兵力について深い見識を持っていたわけでもない。彼は太平洋艦隊司令長官となる前は航海局長であったが、航海局は、アナポリス卒業生を全員艦隊勤務につけるというような古い教育方針をとっていて（当時の航海局の任務は海軍将兵の募集、訓練、昇進、勤務、処分である）、これに反対する航空局と対立していた。

その時の航空局長がタワーズ（一九〇六年組。兵三十四期に相当）で、彼は生粋のパイロット育ちの提督である。当時、米海軍の航空畑にはキングやハルゼーのように中年以降に転向してきた者たちとタワーズのような生粋のパイロット育ちの二つのグループがあって、後者の人々にとってタワーズは「クラウン・プリンス」であり、彼らは前者をキウイとか新参者（JCL: Johnny-Come-Lately）と呼んで侮っていた。航空局長のモフェット（一八九〇年組。秋山真之の兵十七期に相当）はタワーズを可愛がって自分の後継者にしようと考えていたが、一九三三年に飛行船の事故で死ぬ。フォレスタル海軍次官も第一次大戦中は海軍のパイロットだったこともあり、タワーズを支援していたが、キングはタワーズと対立し、第一線から外し続けた。その代わりに、ニミッツが選んだのが、スプルーアンスとパウノールなのである。タワーズを支援していた海軍次官フォレスタルもニミッツに悪感情を抱くことになる。

スプルーアンスはミッドウエイ海戦の時、ハルゼーの代わりに指揮をとって名を揚げたが、彼も航空のキャリアは全くない。「機動部隊指揮の微妙な点について漠然とした知識しか持ち合わせ」がなく、「航空関係者はいささか落胆を禁じえ」なかったと言われる*141。「アメリカ海軍がいよいよ進攻し始めた」時もスプルーアンス中将は「もし日本艦隊が決戦を挑んできたならば、海軍大学の教義において示されているように、古典的な艦隊相互の戦闘が行われるものと考えてい」てタワーズ中将の如き航空関係者の抗議を受け、以後「航空関係者と水上艦艇乗り組みの士官たちとの間に生じた、激しい対立の原型となった」。スプルーアンス司令部には航空経験者は一人しかいなかったし、その彼も「明確に規定された任務をもたず、またほとんどその作戦計画の立案に関与することがなかった」のである*142。

パウノールも途中で航空に転じた転向組である。一九四四年一月になって始めて、パウノールと同期のミッチャーがその後任となり、ようやく生粋のパイロット育ちの指揮官が誕生した。しかし、それでもそれは先任指揮官としてであり、フロントロック作戦（マーシャル諸島攻略作戦）での試用の後、正式に高速空母群司令官となって中将に昇進したのは三月になってからである（さらにフィリピン海海戦〔マリアナ沖海戦〕の時などでも同じタスク・グループ〔任務群、TG58・3〕の中にスプルーアンスの大将旗が翻っていた）。

ミッドウエイ海戦の時、日本が大和を含む七隻の戦艦を「主力部隊」と称して「第一機動部隊」の後方三〇〇浬に置いていたのは、空母部隊が敵を漸減させた後に戦艦部隊が決戦を挑むという旧来の思想によるものだと言われる。しかし、アメリカも、一九四四年に至っても、二月のトラック島攻撃の時、スプルーアンスは戦艦ニュージャージーに将旗を移し、水上艦艇を撃滅するために単縦陣（輪型陣ではなく）の戦艦・重巡部隊を直率した。スプルーアンスの伝記作家はこのことについて、「戦艦戦隊を率いて敵の艦隊との決戦に望むことは、おそらく彼にとって最大の夢であったに違いない」*143と述べている。六月のフィリピン海海戦におけるT

Ｆ58の陣形配備は輪型陣の例としてよく引かれるが、それも戦艦を空母と同じ任務群の中に直衛艦として組み込んだものではなく、七隻の戦艦は別にＴＧ58・7を編成し（リーの部隊である！）、空母ＴＧの十五浬敵方に置いたものであった。スプルーアンスの命令は、航空部隊は先ず敵空母部隊を撃滅、次いで戦艦・巡洋艦を攻撃し、「主力部隊」（リーの部隊のことである！）は「艦隊決戦を実施して敵を撃滅」することであった＊144。一般には、ＴＧ58・7のこの配置は空母群の盾として理解されているが、これは戦術指揮官のミッチャーの解釈のようである＊145。

十月のレイテ湾海戦（比島沖海戦）でも、スプルーアンスと交替したハルゼーは、「支援航空兵力を背後に置き」、「遠距離進出して決戦を行な」＊146うために、ＴＦ38（ＴＦ58と同じもの）から自ら座乗する旗艦ニュージャージーを含む戦艦を抽出してＴＦ34を編成し「候補生時代から夢にまで見ていた」＊147海戦に向かって猪突した。

大和の最後の出撃に対しても、スプルーアンスはＴＦ54（旧式戦艦十隻基幹）から戦艦戦隊を抽出して迎撃させようとした。もしこれが実現していれば、航空で始まり戦艦で終わるという倒錯した歴史が描かれたはずである。二人の艦隊司令官の「夢」は、戦いが（ドイツ・サッカーのように）単に勝つためだけの戦いではなく、ネイビーマンの誇りと結びついたものでもあるのだろう。それは、遡れば、とうに火器が主力となった時代に、ランスとサーベルを外さずに、銃器に抗した騎兵の魂と同様のものだったのではあるまいか。

日本の大艦巨砲主義の証拠として、海軍首脳の中に航空出身者がいなかったことが挙げられることもある＊148。航空艦隊・戦隊の司令官（小沢・角田〔兵三十九期〕・山口）が他からの転用組で航空に通じていなかったことが指摘されることもある＊149。しかし、その専門を指標とする限りでは、米海軍を仕切っていたのも生粋の航空出身者ではなかったし、その用兵も含めて、米海軍の中に航空第一主義に相反する事実を見い出そうと思えば、帝国海軍においてと同様に、容易に見い出すことが出来るのである。

海軍航空史日米比較

日米の間にはむしろ類似点の方が多いと言ってもよいのである。そしてそれは、真珠湾以前からそうだったのだろうと思う。そこで、日米の海軍航空を遡って対照させてみよう。

日本の海軍航空は、明治四十二（一九〇九）年、軍令部参謀山本英輔少佐（山本権兵衛の甥、兵二十四期、一八九六年組相当）の「飛行器」に関する意見書に始まる。「飛行器」は気球から飛行機まで含む（「飛行機」という言葉も彼の発明らしい）。同年臨時軍用気球研究会設立。明治四十五（一九一二）年、水上機研究を目的に海軍航空術研究委員会が発足した。委員の中には中島知久平機関大尉（機十五期、山本五十六と同年生）の名も見える。横須賀の追浜に水上飛行場が設置され、同委員会委員および第一期操縦練習将校が任命された。米国海軍が三機の飛行機を購入したのはその前年である。戦艦ミシガンの約四十メートルのマストの頂上から弾着観測をしていたタワーズ中尉（一九〇六年組、兵三十四期相当）も志願して、カーチス機（水上機）

のパイロットとなっている。

大正四（一九一五）年、操縦練習将校の第六期生として大西瀧治郎中尉（兵四十期、一九一二年組相当）が任命されている。この年、アメリカではペンサコーラに海軍飛行学校が創設され、タワーズは教官となり、ミッチャー（一九一〇年組、栗田の兵三十八期相当）が第一期生として入校した。その翌年の大正五年、日本の海軍航空術研究委員会は発展的に解消されて、横須賀の海軍航空隊となり、操縦練習将校は航空術学生と改称された。そして、中島機関大尉退職。その退職の辞には、「それ金剛級戦艦一隻の費を以てせば、優に三千の飛行機を製作し得べく、一艦隊の費を以てせば、能く数万台を得べし。〔……〕而して、三千の飛行機は特殊兵器（魚雷）を携行することにより、其の力遥かに金剛に優れり」＊150と記している。二十年後、同じ議論が大和を対象として澎湃として起こることになる。

水上機では限界があるので、陸上飛行場と母艦が求められて、大正十一（一九二二）年に霞ヶ浦航空隊が創設され、鳳翔が竣工した。これは世界最初の制式空母でもある。アメリカもこの年、最初の空母ラングレーを完成させている。大正十三（一九二四）年、山本五十六大佐（兵三十二期、キンメル、ハルゼーの一九〇四年組相当）は霞ヶ浦に副長兼教頭として赴任し、自ら操縦桿を握って練習機の単独飛行ができるまでになり、これが航空へ転向する契機となった。四十八歳のキング大佐（一九〇一年組、米内の兵二十九期相当）がペンサコーラでパイロットの資格を取ったのは、山本に遅れること三年の一九二七（昭和二）年である。その年に日本では海軍航空本部が創設され、初代の本部長には山本英輔中将が就く。これは米海軍に航空局が設立され、モフェット少将（一八九〇年組、秋山真之の兵十七期相当）が初代局長となった一九二一年に遅れること六年である。

アメリカがレキシントンとサラトガを竣工させた一九二七（昭和二）年には赤城、翌年には加賀を竣工させ、鳳翔と赤城に駆逐隊を付けて最初の航空戦隊（一航戦）を編成し、一艦隊に所属させた。昭和三（一九二八）年、山本五十六が赤城の艦長になり、一九三〇年、キングがレキシントンの艦長となった。昭和八（一九三三）年には龍驤が竣工し（一九三四年竣工のレンジャーに対応）、昭和十（一九三五）年には航戦は二つに増えて一艦隊と二艦隊に分属された。その年山本中将が航空本部長となる（キング少将が航空局長になったのは一九三三年）。

昭和十二（一九三七）年には蒼龍、昭和十四年には飛龍が竣工（何れも昭和九年の第二次補充計画〔②計画〕によるもので、一九三三年計画によるヨークタウン〔一九三七年竣工〕とエンタープライズ〔一九三八年竣工〕に対応する）。航空主兵論者によって戦艦廃止論が盛り上がりを見せたのはこの頃である。昭和十二年GF参謀長に補せられた小沢治三郎少将（兵三十七期、一九〇九年組相当）は航空艦隊の編成を提示する。昭和十五年、母艦航空部隊と基地航空部隊を統一指揮して演練したのを契機に、一航戦司令官の小沢少将が航空艦隊を固有編制とすべき旨の意見具申をして、昭和十六年四月に一航艦が新編された。この時、「艦隊決戦は依然主力艦を中核とするという考え」*151から、GFや二艦隊はこれに反対で、特に二艦隊は古賀峯一長官（兵三十四期。タワーズの一九〇六年組に相当）が先頭に立って強く反対したらしい*152。古賀の空母運用の主張はニミッツと同様のものである。

ワシントン条約の失効後、建艦競争が再開され、日本は昭和十二（一九三七）年度海軍軍備補充計画（㊂計画）で大和型二隻、翔鶴型二隻の増強計画を立て、アメリカも一九三四（昭和九）年の第一次ヴィンソン案でラングレーの代艦としてワスプ（ラングレーは水上機母艦に改造）、一九三七年度計画でノースキャロライナ級二隻、一九三八年第二次ヴィンソン案でサウスダコタ級四隻、ホーネットとエセックスの計画を成立させた。アメリカの計画は㊂計画の約四倍に相当するので、日本は予定を一年繰り上げた昭和十四年海軍軍備充実計画（㊃計画）で、大和型二隻、大鳳一隻を計画する。

このうち大鳳について、大蔵省に対する「説明資料」では、「総括的建造量ヲ急激ニ膨張セシメザランガ為」と述べている。そのために、大鳳は飛行甲板に装甲を施した重防御母艦とし、「戦術的用法として、友軍航空母艦よりも一層敵方に進出して、友軍母艦機の行動距離延伸を企図する」*153とした。戦艦では既に大和型で量より質を打ち出していたが、隻数対米均等主義をとっていた母艦*154でもその傾向が見られるのである。

それでも彼我の制式空母の数は均等が保たれていた。しかし、アメリカは続いて、一九四〇年の第三次ヴィンソン案などでアイオワ級六隻、エセックス級空母三隻の計画を成立させて空母でも優位に立ち、これに対して日本が㊄計画（戦艦三隻、母艦三隻）を検討している内に、アメリカは追い打ちをかけるように、モンタナ級五隻、エセックス級八隻を含む両洋艦隊法案を提出した。この空母の大増産計画は、両洋艦隊創設のため二倍の兵力を要するためのものであって、戦闘教義を航空第一主義に定めたからではないが（戦艦も都合三十二隻となって、日本の十四隻のおよそ二倍になる）、勝負はこの時点で決着していた＊155。日本はこれに対抗して、㈥計画として戦艦四隻、母艦三隻の腹案がなされた＊156。母艦については、隻数均等主義を堅持するため、更に商船改造の特設航空母艦を整備することにして、春日丸（大鷹）・橿原丸（隼鷹）・出雲丸（飛鷹）の三隻が母艦に改造されることになった＊157。特設母艦はその後、新田丸（冲鷹）、次いで八幡丸（雲鷹）が追加された＊158。これらの商船は、母艦改造のあることを考慮して昭和十三年、政府が建造費の六割を補助して建造されていたものである。更に、潜水母艦の大鯨（龍鳳）・剣埼（祥鳳）・高崎（瑞鳳）も母艦改造に着手された。これらは、条約制限下中の昭和八年度追加計画とその翌年の㈡計画において、母艦転用を考えて「軍機」扱いで建造していたものである＊159。

「日本とヨーロッパをくらべてみる場合、とかく相違点ばかりが目につきがちだし、〔……〕共通性のほうは見逃されがちである。しかし、〔……〕明治以降は積極的に模倣追随していたのだから、この時点での軍事思想においても、共通性がなかったら、むしろどうかしているというべきであろう」＊160。これは陸軍の白兵主義について述べたものだが、事情が他で異なる理由はないだろう。日本の近代はペリー艦隊の来航から始まったのだから、海軍力の整備は日本近代化の本流と言えぬこともない＊161。また、軍備は仮想敵に対応して行われるものなのであるから、この点からも、航空も含めて日本の軍備と用兵はアメリカのそれに雁行するものなのである。

イデオロギーとしての大艦巨砲主義批判

大艦巨砲主義の意味とは何か。しかし、その規定は行為を決定できない。如何なる行為の仕方もその規定と一致させられるからである。日本が建造した戦艦はアメリカより遥かに少ない。米海軍に高速空母任務部隊が創設された時期も、帝国海軍が聯合機動部隊を発令したのと時期が同じである。戦艦の控置についても、日本の戦艦の三分の一はむしろ酷使されたし、三分の一はその代表の使用が試みられ、三分の一は使用されなかったが決戦を控えていたのではなく戦艦としては見捨てられたに過ぎない。アメリカも旧式戦艦は控置されたし、新型戦艦も空母護衛を専らにしたわけでもない。それでも日本は大艦巨砲主義に拘束されアメリカはそれを精算した、と言えるし、事実そう言う人は地に満つるほどいるのである。

大艦巨砲主義について流通するこの言説は、形式的には事実を言い当てようとするもののようでありながらも、言い当てていない。と言うよりも、言い当てるための根拠を充分に検討する作業には恬澹としていて、むしろ無関心ですらある。ならば、語の意味とは何か。それは検証方法のことではないのだとすれば、語られ方、従って聴かれ方のことなのである。そしてその振る舞いにおいて、それが述べている現実がその言説の通りであるかのような認識を作り出すものなのである。自ら示したことを自らが理解できないというのは、語の多義的な含意を一義的なものであるかのように欺瞞し、そのことで、眼前で戦艦が沈んだことさえ認知できぬほど愚かであるかの如き印象を与えるイデオロギーの働きと言うべきものであろう。

イデオロギーは社会的意識形態であるから、人々の同意を取り付けようとする。しかも密かに取り付け、自発的にこれに服従させようとする。この言説は、今日いかにして流布するようになったのか。

ある晴れた日の朝、日本は敗北した。そこで、戦に敗れて苦しんでいる者はその苦しみの原因を求める。戦後の日本人があの（自分が経験した）戦争の意味を知りたがったであろうことは想像できるし、東京裁判の先が見えた辺りから出始めた戦争物はその発露でもあろう。物量に負けたというのは当時の実感であり、説得力のある物語であったかも知れないが、それでは説明が唯物的に過ぎて含蓄に欠けるように思われる。陸軍悪玉説もあるが、それは特に海軍にとって説得力がある物語かも知れない。しかし、あの戦争がアメリカに負けたのならば、アメリカのやり方が正しかった筈なのだし、それは必ずや日本のやり方とは違う筈なのである。そして、日本のやり方は間違っている筈なのである。あの戦が航空による戦であったのならば、航空機によって負けたのである。そこで航空機の物語が要請される。

兵頭二十八によれば、戦後に最も早く出た日米戦回顧録は高木惣吉の『太平洋海戦史』というが*162、これには既に、「この真珠湾とマライ沖海戦の革命的意義をいち早く把握し、破天荒の決断を以て陸海空三軍の大改革を実現したのは、皮肉にも緒戦の苦杯を味った米国自身で、日本はむしろ戦勝気分の陶酔をつづけ、航空軍備の拡張整備には全く立遅れてしまった」*163という記述がある。つまり、航空の立ち遅れの指摘と自らのせいでそうなったのだという教えがある。

この一年半後に出た、淵田美津雄と奥宮正武の『ミッドウェー』には「戦艦中心主義の時代錯誤」の節があり、「皮肉にも、緒戦の苦杯を味った彼自身が、戦訓の革命的意義をいち早く把握して、航空中心への大英断に転換しているのに、日本では口に航空優先を唱えながらも、心の奥には戦艦至上の残滓が、払拭し切れないで、立遅れてしまった」＊164という一文もある。この本は、昭前半は明らかに高木を借りたもので、後半に大艦巨砲主義批判が加わっている。昭和二十六年三月に第一版が出てから翌年の三月までに十七版を数え、昭和三十五年に復刊された新装版（十八版）＊165の帯には「当時国民的名著として大ベストセラーになった」とある＊166。

そしてそれは、米海軍の歴史的政治的状況の結果に過ぎない第五艦隊の陣形とされるものをアプリオリに存在している唯一の正解であるかのように語り、ソロモンでの運用もこの先駆として連続させ、つまり過去に範型として遡及させてしまう物語である。そして日本でも遡ればそこに、大艦巨砲主義者に対する航空主兵論者を、実現することのなかった正解として見い出すことが出来るのである。昭和十一、二年頃の戦艦廃止論の盛り上がりは、海軍中央がその研究会を禁止し、山本五十六も「しばらく戦艦廃止論は我慢せよ」＊167と訓示して抑えに回る程の、言わば一種の「事件」であった。日本の元飛行将校ならば容易に想起できる出来事である。同様の対立はアメリカにもある。ただ、日本の航空主兵論者がそのような用兵術を持ち出す根本の理由は、戦艦比率「十比六のハンディキャップ」＊168にあったから、それは厳密に言えばアメリカと同じものではない。即ち、大艦巨砲主義ではなく航空第一主義を採るべきだった、という語りは、日本の大艦巨砲主義を乗り越えているようでいて、それ自体その刻印を受けているものなのである。物語は、物語の最後に作られ、しかし、最初から語られるものである。

それだけではない。例えば、元海将の寺部甲子男は、ミッドウエイ後のGF改編について、「しかし、依然として戦艦、重巡の大部は決戦兵力として控置されており」*169と述べている。戦艦については解釈の余地はある。しかし、重巡についてはその余地もない。この時、日本の稼働重巡は十六隻（ミッドウエイで三隈を喪失、最上は大破）。この時の改編では、南東方面作戦担当として重巡鳥海を旗艦とする八艦隊も新編され、一艦隊所属の重巡四隻（六戦隊）はこれと行動をともにしてガ島攻防戦で擦り潰された。二艦隊の五隻（四戦隊、五戦隊）と新編の機動部隊（三艦隊）に編入された四隻（七戦隊、八戦隊）もこれに参加した。残る二隻のうち、足柄は開戦以来、三艦隊旗艦として南方作戦の支援に当たり、第一段作戦終了後も南西方面艦隊旗艦や第二南遣艦隊旗艦として南方海域に展開していたし、那智も南方作戦に従事した後のこの時期には五艦隊旗艦として北洋の荒れた海で活動していたのだから、全てが第一線に出たのである。また、元防大教授の平間洋一も、「一九四四年三月に至り、初めて戦艦大和や武蔵を加えた本来の機動部隊が誕生した。とはいえ、戦艦や巡洋艦が空母を直接護衛するアメリカに対し、小沢艦隊の陣形は空母の後方一〇〇浬に戦艦を配し、空母部隊の一撃後に戦艦部隊が突撃し『止めを刺す』という大艦巨砲主義の夢を脱したものではなかった」*170と述べている。もしこれがマリアナ沖海戦のことを言っているのならば、これは誤りである。第一に、小沢は空母の前方一〇〇浬に戦艦を配したのであり、第二に、既に述べたようにスプルーアンスは戦艦で空母を直接護衛させなかったからである。両者の配置は同じ目的のものである。海将や防大の教官がこれらのことを知らないはずはないから、これは思い違いに違いない。しかし、言い違いに理由があるように、思い違いにもわけがある。彼らもノイラートの船乗りのように、乾ドックの固い大地に足場を持つことなく言葉を紡いでいるのである。

米海軍の戦いは、航空主兵か戦艦主兵かを主題にして戦われたというよりは寧ろ、それぞれの自己がその存在理由を証明するために、戦ったと言った方が実情に合っているように思われる。低速のＴＦ１はそうして殆ど廃棄物の再利用のように、上陸支援部隊としての役割を見出した。しかもそれは、海軍から接舷切り込み戦法が失われて以来、同じく存在理由を探し続けていた海兵隊との組み合わせで意味をなし得たものである（日本も海兵隊を取り入れたが、明治九年に廃止した）。後の戦の仁川上陸作戦において、シェファード艦隊海兵隊指揮官は「海兵隊は存続そのもののために戦っている」と述べている*171。空母部隊でさえ、陸軍（マッカーサー）に対抗して、海軍の独自性を示すために敢えて用いられた面がある。

しかし、日本が航空兵力を充分に拡張整備しなかったから負けたのである、というこの教えは一見周到であり反省の契機もあって上等で良心的であり、戦に敗れて苦しんでいる者の苦しみを治療し服従するに足りるように見える。こうして、人々は、この認識を自明のものとして受け入れ今日に至っているのである。

更に、縷縷についていては、太平洋戦争を始めた航空機の画期性の評価を前提とする彼の論理がそれを終わらせた新兵器や日本がアメリカに先駆けて行った戦略爆撃の用兵思想の評価に及ぶほど首尾一貫したものであるかどうかも疑問である（後者が否定されるならば、別の論理、即ちアドホックな論理が追加されたのである）。アメリカの「強力な文民統制を前提とする一元的な戦争指導体制」がその後行った戦争についての評価も不問に付して、要するに刹那的である。

彼はまたこの物語を、「軍事領域の閉鎖性」「日本の前近代性と民主主義の未成熟」*172という社会学的分析に拡張する。しかし、その物語は、一般的に「欧米の民主主義国家において」は「強力な文民統制を前提とする一元的な戦争指導体制」が「具現」されていたのか、「軍事領域の閉鎖性」はなかったのか、「文民統制路線のなかで軍事機構の合理化」が必ず図れることになるのか、などの検証がなされない。

キングは秘密保持には特に執念を持っていて、作戦情報をノックス海軍長官にさえ伝えようとしなかった*173。ノックスは『シカゴ・デイリー・ニュース』を大新聞に育て上げた新聞人だからでもある。空母の建造問題も海軍将官会議と建艦局が主として当たっていた*174。戦争を組み立てていったのもキングと参謀のクックである*175。大統領は「太平洋上の作戦戦略に口を出すことはほとんどなかった」*176し、日本への侵攻ルートについて、どちらか一方を支持することもなかった*177。オレンジ・プランも大統領の署名による承認を受けたものではない。レインボー5が口頭で承認を受けただけである*178。オレンジ・プランの灯を消さなかったのは艦隊の作戦将校たちである*179。「戦略は常に軍の制服組の領分であり、議会や国務省、その他政府機関、それに陸海軍の長官からさえ指導を受けることはほとんどなかった」*180。フォレスタルが海軍航空に寄与したとしても、それは彼が第一次大戦中に海軍航空隊にいたからで、文官だったからではない。そしてキングはフォレスタルとも仲が悪かったのである。

一方、日清戦争をアームストロング式速射砲と優速な巡洋艦の導入によって勝利し、日露戦争を憲法を侵して購入した最新鋭戦艦と丁字戦法で勝利した当時の日本や、その日本に勝利した中国や更にはアメリカに勝利したベトナムが民主主義に成熟していたわけでもない。

一方、ローズベルトは軍の主要人事を独裁した。しかしそれは、彼のよく知るお気に入りの、いわゆるローズベルト・サークルからの人事で、アジア艦隊司令官だったハート（一八九七年組、兵二十五期に対応）の言葉を借りれば「宮廷政治」＊181と言われるものである。日本では、日本の年功序列とは違って、アメリカの人事の実力主義を評価する向きもあるが、ローズベルトが合衆国艦隊司令官のリチャードソンを解任し、先任者の四十六人だか三十一人だかを飛び越えてキンメルを抜擢したのもその宮廷政治の一例に過ぎない。リチャードソンが解任されたのは、日本を威圧するために艦隊のハワイ駐留を命じた大統領に反対したからである。

また、緻績は、日本の「駆逐艦や潜水艦などの補助艦艇が戦艦や航空母艦への攻撃を主任務とした」と述べた上で、「一方のアメリカ海軍では、補助艦艇は基本的に海上輸送船団の護衛を任務とし、そのため対潜・対空兵装の充実に力点が置かれた」＊182とも述べている。日本の「補助艦艇」に駆逐艦と潜水艦を挙げておきながら、アメリカの「補助艦艇」については潜水艦についての言及が欠けている。アメリカの潜水艦が日本船舶に対する無制限攻撃をし、乗員にさえ国際法違反ではないかと疑わせたこと＊183には口を噤んでいる。

これを要するにこの僧職者の治療は、「戦前期日本の前近代性と民主主義の未成熟」＊184の劣位性を自明の前提とし、そのために要請される陽画としてアメリカを描くオクシデンタリズムの日本像を焼き増ししているだけなのである*185。

個人の誕生、または航空機搭乗員の社会学的意義

しかし、社会学的分析ならば、戦艦から航空への移行は、結果として兵士の身体と精神のあり方も変えることの方が興味深い。

軍艦と航空には決定的な違いがある。軍艦は一つの戦闘単位である。しかも最終的なそれであるから、各々の部署は綜合されて始めて戦闘能力を持つものであって、各々に還元しては意味を持たない。砲熕が破壊されることは勿論、測距儀が損傷しても、機関が停止しても、主舵が故障しても（比叡がそうだった）、戦闘能力は事実上失われる。各々の部署に配置されている兵員もまた彼らは個人として戦闘能力を持っているわけではない。軍艦において最後の一兵まで戦うということは意味を持たないのである。

例外があるとすれば、艦を唯一指揮することができ、艦とともに沈むと言われ、従って万般にわたって別格の扱いを受ける艦長だけである。兵員は、この艦長（大佐）の命令によって動く。命令のみによって動く。陸軍のような幕僚統帥は許されないし、また、そうしなければ「艦の沈没は免れないといわれる」*186。そして、艦長と下士官兵の間には士官がいて一種の「身分制」社会を作っている。しかし、それは、個々の部署とその兵員も、それが失われれば、全体の意味も失われるという点においては、各々がかけがえのない存在であるということでも

ある。軍艦はその意味で一つの有機体のようである。個々の部署は士官が統率する建て前であるけれども（大尉が分隊長、少中尉が分隊士）、実権は先任下士官が握り、大尉以上の士官は士官室、少中尉は士官次室に屯しているのに対して、下士官兵は居住区で「自治」を形成していた*[187]。主砲の引き金を引くのは艦の主の如き熟練の下士官である。下士官兵に、天皇陛下よりも安藤中隊長殿（大尉）を選ぶと言わしめる程の紐帯を示す『『デモクラチック』な陸軍」*[188]とは対照的である*[189]。

しかし、航空機は軍艦とは異なる。単座機であれば、文字通り最後の一兵まで戦うことができる。航空隊が解体しても、中隊が壊滅しても、単機を駆って戦うことができる。その意味で航空機は陸軍（歩兵）に似ている。陸軍は原理的には最後の一兵まで戦うことができる。戦陣訓の「生きて虜囚の辱めを受けず」は陸軍では意味を持ち得るのである。海軍の航空部隊も司令（大佐）以下総員が部隊内に居住して官舎はなかった。士官についてではあるが、司令から少尉までが同じ士官室にいた。また、役割の分化も軍艦に比べれば遥かに少ない。単座機であれば、搭乗員は舵手・航法者・射手・通信士・機関士を兼務する。そこにおいて、士官と下士官兵の違いはない。個人の技倆と経験が全てである*[190]。「戦艦に勤務していた若い将校たちは、平時の演習のさいでも、自己の配置を守ることに専念していても大過はなかった。それに対して、同じ階級の飛行将校たちは、演習全体の構成、彼我の艦隊の兵力、および双方の部隊がとりそうな戦法などを研究することなしには、飛行任務を達成することはできなかった」*[191]。従って、「自己の意見の発表の自由」*[192]も生まれるのである。

戦場も違う。日露戦争の頃の戦艦の主砲の射程は六〇〇〇メートル。東郷平八郎提督は勿論敵艦を視認して艦隊を指揮していた。大和については、その方位盤照準装置がある前檣楼の頂上四十メートルの高さから水平線までの距離が二万三〇〇〇メートルだから、主砲の射程四万メートル先は敵艦の檣楼の先が波の間に間に見えるという程度である。提督が実際にそれを見ることはないにしても、望めば見ることは可能であろう。

しかし、航空機の場合はそれが原理的に不可能である。機動部隊を率いる南雲忠一中将は、二三〇浬先の真珠湾を視認することは最早出来ない。勿論、発艦命令はする。しかし、突撃命令を下すのは空中指揮官の淵田美津雄中佐である。その意味で、航空作戦における司令官の役割は、本来の提督に比べれば無に等しい。一航艦司令長官南雲忠一提督の意味は、文字通りのエアクラフト・キャリアーなのであって、それ以上のものではない。攻撃の瞬間においては、彼は唯、淵田機の発する「ト連送」（全員突撃せよ）を受信するだけの受け身の存在でしかない。そして、受信ならば三〇〇〇浬以上離れた柱島でもできたのである。その淵田中佐も主な任務は奇襲か強襲かを決することで、最終的には中隊の一員として行動するだけである。爆撃嚮導機さえ渡辺晃一飛曹機である。

有機体から一個人への変化は、制度上では、既に陸軍において起きていたことである。石原莞爾によれば、ルネサンス期には、熟練常備傭兵が専制的な指導のもと、戦術は横隊、指揮単位は中隊で持久戦を戦っていたのに対して、フランス革命によって徴兵制が採られて兵が未熟になると、縦隊の前方に散兵を置いて決戦が戦われるようになる。散兵戦術は各兵・各部隊の自由と自主性に基づき、従ってその指導は自由主義的となり、指揮単位は小隊となる。ナポレオンは、これに兵力集中の用兵思想を導入した（これは、ナポレオンの幕僚ジョミニを経由し、マハンによって海軍に導入された）。第一次大戦では、火器の進歩と兵力の増加によって、兵力は面に配置された戦闘群となり、持久戦・総力戦に変わる。指導は「統制」になる。「統制は各兵、各部隊に明確なる任務を与え、かつその自由活動を容易かつ可能ならしむるため無益の混乱を避けるための必要最小限の制限を与うる事である」＊193。「統制では各隊の独断は自由主義時代より更に必要」＊194になる。指揮単位はもはや分隊となる。そして、次の戦は航空機が加わって三次元となり、指揮単位も個人となり、兵役も義務ではなく義勇になるだろう、という見通しが続く。即ち、個人の誕生は進歩の証なのである。

海軍で起き、また起きつつあったことは陸軍で起きたことの反復であったようにも見える。横陣から単縦陣への変化（横陣を取る北洋艦隊に対して、日本の常備艦隊が単縦陣を取ったのは艦隊運動に未熟だったからである）、主力部隊の前に置かれる空母部隊は縦隊の前方に置かれる散兵、空母群は戦闘群のようである。そして航空機が主兵となる。山本GF長官の、昭和十六年一月七日付け及川古志郎海軍大臣あての「軍備ニ関スル意見」は、艦隊決戦は既に起きないことを述べたものとして有名なものである。航空機が戦艦に比べて、持久戦・総力戦に適合していることは前に述べた。彼がそこで述べているもう一つのことは、「正常ノ基本的訓練ヲ行フニ方リテモ徒ニ大ザツパナル綜合的戦術運動ノミニ熱中スルコトナク演習ノ推移ニ応ジ自己ノ率ユル艦隊、戦隊、或ハ一艦一隊ガ常ニ各場面ニ於テ其ノ戦闘力ヲ極度ニ発揮シツツアリヤ否ヤニ関シ不断ノ検討ヲ要ス」*195ということ、即ち「自己」の能力の自発的発揮の必要ということであり、これは石原の言う「統制」に精確に対応している。昭和九年、当時佐世保海軍航空隊司令をしていた大西瀧治郎大佐が「帝国海軍航空ノ現状ニ鑑ミ教育訓練ノ計画実施上特ニ考慮シツツアル事項並ビニ所見」の中で述べている、「単機トナリテモ任務遂行ニ邁進スル気慨」や「特ニ独立自尊心ノ養成」*196も同じことである。淵田隊の爆撃嚮導機を務めた渡辺晃一飛曹は、整備も整備員まかせにせず、殊に操縦索の張り具合は自分で調整して、その後は他人に触れさせず、どのタンクがどれだけ減れば操縦にどう影響するかまでを精密詳細に検討していた*197。水平爆撃の命中率の向上は彼らの努力による。また、「航空参謀が優秀」であることについて、小沢治三郎は「飛行将校は若い時から空に上がれば、直接の指導や監督も受けられず、自己の全責任において何でもやってのけなければならない」*198からだ、と述べている。

こうして航空では自らの命を使用することも可能になるのである。ハワイ作戦の時、乗機が被弾して燃料が漏れた制空隊の蒼龍分隊長飯田房太大尉は、列機を率いて暫く母艦に向かって飛んで帰路を示した後、引き返してカネオヘ基地に突入した。珊瑚海海戦の時、索敵の管野兼蔵飛行兵曹長機は、触接を終えて帰投中友軍の攻撃隊に遭遇、反転して誘導し復た還らなかった。ミッドウエイ海戦の時は、フレミング海兵大尉が火を吹いた愛機もろとも三隈の後部砲塔に突っ込んだ。石原の言葉を再び借りれば、これらは「任務達成のためには広汎な自由裁断が許され、感激して自主的に活動せしめ」*199たものと言ってよい。彼らの行動が英雄的であることを筆者は疑わない。飯田房太大尉については、一九七一年、米海軍が三十周年を期して現地に建碑をした。しかし、こうして、海軍において「個人」というものが誕生し、総力戦に動員することが可能になったのである。特攻隊はその延長線上にある。

しかし、英雄は常に少数者であることによって英雄たり得るのである。大西が先に引いた「所見」で指摘しているように、日本海軍の搭乗員の「大部ハ、下士官兵」であるのに対して、「欧米諸国ニ於テハ、搭乗員ノ大部ハ士官」*200であった。ヨーロッパの士官は元来が貴族で、そのノブレス・オブリージュによって戦い、危険を顧みないものであった。

ただ、アメリカの場合は高等教育を受けている人の割合が日本より遙かに大きかったことによる*201。更にアメリカは、タイプ・フォースとタスク・フォースを区別し、新兵でも分かる兵器を開発することによって、規格化とその普遍化を徹底し、つまりそのハードルを下げることによって、交替可能な最低限度の、やはり個人をいわば「制式化」することによって総力戦に動員した（アメリカは艦隊司令官でさえ交替可能なシステムを作った）。

特攻隊については、甲は志願制であったと論じ、乙は事実上の強制であったと駁する。しかし、甲乙いずれも、自主的なる個人を無闇に有り難がることでは変わらない。彼らは議論をしているようでいて、検閲の存在を秘匿しながら行われる検閲のように*202、より根本的な問題は隠蔽しているのである。しかし、戦艦においては、艦長を除けばそもそものような個人が存在しない*203。

アイオワ級戦艦は一九八二年から八八年にかけて、「強いアメリカ」を目指したレーガン大統領の登場とともに、一九八〇年に一番艦が就役したソ連のキーロフ級大型ミサイル巡洋艦に対抗して、トマホークのプラットフォームとして現役復帰した。しかし、視覚的プレゼンス効果としては十六インチ主砲九門の威容に勝るものはなかったようだ。かくして彼女たちはショー・ザ・フラッグ（示旗外交）に活躍したのである。山本五十六が戦艦廃止論者に対する訓示で「対外的には無形の効果を示している」と述べたのも間違いではなかったのである。それは、近代社会から遥か遠くニューギニア高地の男たちが、戦争の時には眼前に屹立するほど大きなペニスケースを装着して男らしさを強調するが、しかしそれはかえって戦闘の邪魔になって殺傷能力を減衰させる装置でもあることを想起させる。ヨーロッパの騎士たちが白兵志向が強かった理由として、手加減が可能だったからという説もある＊204。

しかし、論理的に語り得ぬものについては趣向の領分となる。趣向については、筆者は退嬰を好む。そして、坊ノ岬沖南西九十浬、水深一九〇尋の海底からサルベージすべきものがあるとすれば、このような、新兵器を無闇に有り難がり、個人の普及を遍く妥当なものとするような態度を批評する精神ではないかと思うのである。

【参照文献】

阿部安雄「第2次大戦における日米空母機動部隊——その戦いを総括する」（『世界の艦船』第五五八号、一九九九年）。
安藤日出男『幻の空母信濃』（朝日ソノラマ、一九八七年）。
池田　清『海軍と日本』（中央公論社、一九八一年）。

石原莞爾『最終戦争論・戦争史大観』（中央公論社、一九九三年）。

井上成美伝記刊行会編『井上成美』（井上成美伝記刊行会、一九八二年）。

宇垣　纏『戦藻録』新装版（原書房、一九九六年）。

生出　寿『智将小沢治三郎』（徳間書房、一九八八年）。

大橋良介『大艦巨砲主義』（ＰＨＰ研究所、二〇〇一年）。

奥宮正武『海軍航空隊全史』下（朝日ソノラマ、一九八八年）。

――――『大艦巨砲主義の盛衰』（朝日ソノラマ、一九八九年）。

――――『真実の日本海軍史』（ＰＨＰ研究所、一九九九年）。

岸　尚「近接信管の開発」（『軍事史学』第二十四巻第四号、一九八九年）。

熊谷　直「母艦搭乗員の大量養成に失敗した日本海軍」（『連合艦隊　小澤機動部隊編』世界文化社、一九九九年）。

源田　實『海軍航空隊始末記』（文藝春秋、一九九六年）。

――――『海軍航空隊、発進』（文藝春秋、一九九七年）。

――――『真珠湾作戦回顧録』（文藝春秋、一九九八年）。

纐纈　厚「日本陸海軍が弾き出したアメリカの実力と連合艦隊が描いた開戦時の戦略戦術」（『連合艦隊　日米開戦編』世界文化社、一九九八年）。

――――『侵略戦争――歴史事実と歴史認識』（筑摩書房、一九九九年）。

故大西瀧治郎海軍中将伝刊行会編『大西瀧治郎』（故大西瀧治郎海軍中将伝刊行会、一九五七年）。

佐藤卓己「総力戦体制と思想戦の言説空間」（山之内靖他編『総力戦と現代化』柏書房、一九九五年）。

実松　譲編『現代史資料34　太平洋戦争1』（みすず書房、一九六八年）。

――編『現代史資料35　太平洋戦争2』（みすず書房、一九六九年）。

――編『現代史資料36　太平洋戦争3』（みすず書房、一九六九年）。

鈴木眞哉『鉄砲と日本人――「鉄砲神話」が隠してきたこと』（筑摩書房、二〇〇〇年）。

――『謎とき日本合戦史――日本人はどう戦ってきたか』（講談社、二〇〇一年）。

瀬名堯彦「アメリカ戦艦の艦歴」（『世界の艦船』第四一七号、一九九〇年）。

「戦艦武蔵建造記録」刊行委員会『戦艦武蔵建造記録――大和型戦艦の全貌』（アテネ書房、一九九四年）。

高木惣吉『太平洋海戦史』（岩波書店、一九四九年）。

高須廣一「開戦時における米艦隊の編成」（『世界の艦船』第三三七号、一九八四年）。

谷光太郎『アーネスト・キング――太平洋戦争を指揮した米海軍戦略家』（白桃書房、一九九三年）。

――『米軍提督と太平洋戦争――世界最強海軍のルーツ』（学習研究社、二〇〇〇年）。

田村俊夫「新事実発見！　駆逐艦秋雲は陽炎型だった」（『世界の艦船』第四七九号、一九九四年）。

千早正隆『日本海軍の戦略発想』（中央公論社、一九九五年）。

――『連合艦隊興亡記』上（中央公論社、一九九六年）。

――『連合艦隊興亡記』下（中央公論社、一九九六年）。

――『日本海軍の驕り症候群』上（中央公論社、一九九七年）。

提督小澤治三郎伝刊行会『増補　提督小澤治三郎伝』（原書房、一九七九年）。

寺部甲子男「空母機動部隊の運用」（『［歴史群像］太平洋戦史シリーズ1　奇襲ハワイ作戦』学習研究社、一九九四年）。

豊田　穣『海軍軍令部』（講談社、一九九三年）。

中川　務「アメリカ戦艦はいかに戦ったか――装備の変遷を含めて」（『世界の艦船』第五五九号、一九九九九年)。

中澤佑刊行会編『海軍中将・中澤佑――海軍作戦部長・人事局長回想録』(原書房、一九七九年)。

中島親孝『聯合艦隊作戦室から見た太平洋戦争』(光人社、一九九七年)。

チェスター・W・ニミッツ、エルマー・B・ポッター『ニミッツの太平洋海戦史』実松譲・富永謙吾訳(恒文社、一九九二年)。

野中郁次郎『アメリカ海兵隊――非営利型組織の自己革新』(中央公論社、一九九五年)。

兵頭二十八「『あたりまえの有難さを守る当然の努力』について――附・ミッドウェー戦記考」(『草思』三巻二号、二〇〇一年)。

平間洋一「空母機動部隊とは何か――その誕生から今日まで」(『世界の艦船』第五五八号、一九九九年)。

福井静夫『日本の軍艦――わが造船技術の発達と艦艇の変遷』(出版協同社、一九五六年)。

福留　繁『史観・真珠湾攻撃』(自由アジア社、一九五五年)。

淵田美津雄・奥宮正武『ミッドウェー』(日本出版共同株式会社、一九五一年)。

――・――『ミッドウェー』(第18版)新装版(出版共同社、一九六〇年)。

――・――『機動部隊』(朝日ソノラマ、一九九二年)。

トーマス・B・ブュエル『提督・スプルーアンス』小城正訳(読売新聞社、一九七五年)。

防衛庁防衛研修所戦史室『戦史叢書10　ハワイ作戦』(朝雲新聞社、一九六七年)。

――『戦史叢書24　比島マレー方面海軍進攻作戦』(朝雲新聞社、一九六九年)。

――『戦史叢書26　蘭印・ベンガル湾方面海軍進攻作戦』(朝雲新聞社、一九六九年)。

――『戦史叢書31　海軍軍戦備〈1〉昭和十六年十一月まで』(朝雲新聞社、一九六九年)。

――『戦史叢書39　大本営海軍部・聯合艦隊〈4〉』(朝雲新聞社、一九七〇年)。

――『戦史叢書1　南東方面海軍作戦〈1〉ガ島奪回作戦開始まで』（朝雲新聞社、一九七一年）。

――『戦史叢書71　大本営海軍部・聯合艦隊〈5〉』（朝雲新聞社、一九七四年）。

――『戦史叢書77　大本営海軍部・聯合艦隊〈3〉』（朝雲新聞社、一九七四年）。

――『戦史叢書83　南東方面海軍作戦〈2〉ガ島撤収まで』（朝雲新聞社、一九七五年）。

――『戦史叢書80　大本営海軍部・聯合艦隊〈2〉』（朝雲新聞社、一九七五年）。

――『戦史叢書88　海軍軍戦備〈2〉開戦以後』（朝雲新聞社、一九七五年）。

――『戦史叢書91　大本営海軍部・聯合艦隊〈1〉』（朝雲新聞社、一九七五年）。

E・B・ポッター『提督ニミッツ』南郷洋一郎訳（フジ出版社、一九七九年）。

――『「キル・ジャップス！」――ブル・ハルゼー提督の太平洋海戦史』秋山信雄訳（光人社、一九九一年）。

黛　治夫『海軍砲戦史談』（原書房、一九七二年）。

――『艦砲射撃の歴史』（原書房、一九七七年）。

御田俊一『帝国海軍はなぜ敗れたか』新装版（芙蓉書房、一九八七年）。

イヴァン・ミュージカント『戦艦ワシントン――米主力戦艦から見た太平洋戦争』中村定訳（光人社、一九八八年）。

エドワード・ミラー『オレンジ計画――アメリカの対日侵攻50年戦略』沢田博訳（新潮社、一九九四年）。

村田晃嗣『米国初代国防長官フォレスタル――冷戦の闘士はなぜ自殺したのか』（中央公論新社、一九九九年）。

森　雅雄「戦艦大和の掩護――日本海軍の大艦巨砲主義と航空兵力」（『城西国際大学紀要』九巻二号、二〇〇一年）。

――――「イデオロギーとしての『大艦巨砲主義批判』」(『城西国際大学紀要』二十一巻三号、二〇一三年)。

サミュエル・Ｅ・モリソン『太平洋戦争アメリカ海軍作戦史１　太平洋の旭日』上、中野五郎訳（改造社、一九五〇年)。

――――『太平洋戦争アメリカ海軍作戦史２　太平洋の旭日』下、中野五郎訳（改造社、一九五〇年)。

――――『太平洋戦争アメリカ海軍作戦史３　珊瑚海・ミッドウェー島・潜水艦各作戦』上、中野五郎訳（改造社、一九五〇年)。

――――『太平洋戦争アメリカ海軍作戦史４　珊瑚海・ミッドウェー島・潜水艦各作戦』下、中野五郎訳（改造社、一九五一年)。

吉田俊雄『作戦参謀とは何か――海軍最高幕僚の秘密』(光人社、二〇〇〇年)。

＊註
1　大橋良介『大艦巨砲主義』(ＰＨＰ研究所、二〇〇一年）四三頁。
2　纐纈厚『侵略戦争――歴史事実と歴史認識』(筑摩書房、一九九九年）六九～七〇頁。
3　纐纈はここで「航空第一主義」の対立概念として「艦隊決戦思想」を使用している。「航空第一主義」の対立概念は、その字義においては「戦艦主兵主義」であり、従って「大艦巨砲主義」である。逆に、「艦隊決戦」の対立概念は、「持久戦」か「消耗戦」か「総力戦」などである。しかし、戦艦は建造するのに四、五年はかかる。つまり、一度沈められれば四、五年は制海権を奪われるから、国家は降伏するしかない。従って決戦になる。しかし航空機は量産が利く。即ち消耗品なのである。航空機はその目標が、戦線の遥か後方の工場地帯や大都会になり得ることでも総力戦に適合している、ということも既に一九二六（大正十四）年、ミッチェル准将が述べたことである。従って、「航空第一主義」は事実において、「艦隊決戦思想」と対立していると言えるかも知れない。

しかし、「艦隊決戦思想」と「大艦巨砲主義」の結びつきはアプリオリなものではない。空母を建造するのにも時間がかかるのだから、「艦隊決戦思想」が「航空第一主義」と結びつくことは有り得ることだし、実際、小沢治三郎（兵三十七期、一九〇九年組相当）とスプルーアンス（一九〇七年組、兵三十五期相当）の母艦群が会戦し、前者が母艦三隻を失い、航空隊を壊滅させて母艦を無力化させてしまったマリアナ沖海戦（米側名称はフィリピン海海戦）は、事実上そのようなものであった。勿論、日本はその後も一年以上を戦い続けたのだから、その意味においてそれは決戦ではないとも言い得る。しかし、もしそういう言い方ができるならば、昭和十一年改定の「用兵綱領」は「敵艦隊ノ主力ヲ撃滅シタル以後ニ於ケル陸海軍ノ作戦ハ臨機之ヲ策定ス」（防衛庁防衛研修所戦史室『戦史叢書10　ハワイ作戦』（朝雲新聞社、一九六七年）三六～三七頁。以下、初出の場合を除き、『戦史叢書（巻番号）』にて表記）と記していて、即ち米艦隊主力の邀撃撃滅が直ちに戦争終結に結びつくものではないことを含意していることにおいて、「邀撃作戦」もまた既に「決戦」ではない。そして、海軍の作戦では無策であるこの部分は、総力戦を考慮に入れている陸軍はさすがにそのことをはっきりと自覚していて、既に大正十五（一九二六）年の陸軍計画において、「比島とグァム島の占領により、持久消耗を図りながら米国の戦意喪失を待つ」（同右、三七頁）と想定していたのである。

4　本稿は、二つの旧稿、森雅雄「戦艦大和の掩護――日本海軍の大艦巨砲主義と航空兵力」（『城西国際大学紀要』九巻二号、二〇〇一年）と森雅雄「イデオロギーとしての『大艦巨砲主義批判』」（『城西国際大学紀要』二十一巻三号、二〇一三年）を一つに溶接して若干の増装を施したものであるが、主旨に変更はない。たとえそのようなものがあるのだとしても。

5　なお、それ以前にシムズ提督は兵棋演習で空母の優位を証明して、空母艦隊同士の海戦を予見していた。

6　第一次大戦中にも水上機による艦船への爆撃が行われた。大正三（一九一四）年九月五日、日本の水上機母艦若宮を発進したファルマン機二機が青島の偵察爆撃を敢行した。若宮も世界最初の水上機母艦である。その年のクリスマスに英国の水上機がドイツの軍港クックスハーフェンを爆撃した。つづいて地中海で水上機が魚雷でトルコの輸送船を撃沈し、これが航空機で敵船を沈めた最初の例となった。第二次大戦でも、タラント攻撃以前の、四月に英空母フューリアスがノルウェー峡湾でドイツ駆逐艦一隻を擱座、九月に同じくイラストリアスがベンガジ夜襲で艦船六隻を撃沈・撃破した例がある。

7　源田實『真珠湾作戦回顧録』（文藝春秋、一九九八年）二二、七八頁。

8　『戦史叢書10』一四七頁。防衛庁防衛研修所戦史室『戦史叢書24　比島マレー方面海軍進攻作戦』（朝雲新聞社、一九六九年）四七七頁。

9　『戦史叢書10』三五六頁。

10　『戦史叢書24』四七六～四七七頁。

11　浅海の真珠湾では戦艦のサルベージが可能であったし、事実、米海軍はアラバマとオクラホマ以外についてはそうした。その意味で、真珠湾攻撃は、日本海海戦でバルチック艦隊を日本海の海底に永久に沈めた決戦ともその意味が異なっている。

12　吉田俊雄『作戦参謀とは何か――海軍最高幕僚の秘密』（光人社、二〇〇〇年）一七～一八頁。

13　『戦史叢書24』四七七頁。

14　防衛庁防衛研修所戦史室『戦史叢書26　蘭印・ベンガル湾方面海軍進攻作戦』（朝雲新聞社、一九六九年）六四八、六五四頁。
15　防衛庁防衛研修所戦史室『戦史叢書1　南東方面海軍作戦〈1〉ガ島奪回作戦開始まで』（朝雲新聞社、一九七一年）五六九、五七七頁。
16　防衛庁防衛研修所戦史室『戦史叢書77　大本営海軍部・聯合艦隊〈3〉』（朝雲新聞社、一九七四年）七八、八一頁。
17　福留繁『史観・真珠湾攻撃』（自由アジア社、一九五五年）二〇九頁。
18　『戦史叢書77』八五頁。
19　中島親孝『聯合艦隊作戦室から見た太平洋戦争』（光人社、一九九七年）九七頁。
20　『戦史叢書77』八四頁。
21　防衛庁防衛研修所戦史室『戦史叢書91　大本営海軍部・聯合艦隊〈1〉』（朝雲新聞社、一九七五年）四〇五～四〇六頁。
22　トーマス・B・ブュエル『提督・スプルーアンス』小城正訳（読売新聞社、一九七五年）三二二頁。
23　『戦史叢書1』三〇九頁。
24　レキシントンを沈めた雷撃については、十七機の艦攻（一機は被弾自爆）による二本の命中に止まった。命中率にすれば一二パーセントである（日本側の数字はレキシントン七本、ヨークタウン二本命中）。
25　『戦史叢書1』五七九頁。
26　実松譲編『現代史資料34　太平洋戦争1』（みすず書房、一九六八年）二五九～二六〇頁。
27　実松譲編『現代史資料36　太平洋戦争3』（みすず書房、一九六九年）八五頁。
28　実松編『現代史資料34』九九頁。

29　同右、九八頁。
30　実松編『現代史資料36』八八〜八九頁。
31　実松編『現代史資料34』九三頁。
32　実松譲編『現代史資料35　太平洋戦争2』（みすず書房、一九六九年）三七七頁。
33　サミュエル・E・モリソン『太平洋戦争アメリカ海軍作戦史1　太平洋の旭日』上、中野五郎訳（改造社、一九五〇年）一三九頁。
34　キンメル大将とハワイ陸軍管区司令官のショート中将は責任を問われて職を解かれたが、二〇〇〇年十月に下院決議で名誉回復した。これを報ずる『毎日新聞』（二〇〇〇年十月十一日）に「少将に降格させられた」とあるが、一般に流布するこの言い方には語弊がある。当時の米海軍の最高階級は少将で、中将や大将はある特定のポスト（例えば海軍作戦部長）に当てられた臨時の階級であり、そのポストを離れると元の少将に戻るものなのである。正確な言い方については、本書第3章に教えられた。なお、米海軍では長らく大佐が最高階級であった。それで艦隊が編成される時、指揮官に臨時に代将（コモドア）の称号が与えられたが、アドミラルは欧州風の貴族臭があるというので長らく用いられなかった（谷光太郎『米軍提督と太平洋戦争——世界最強海軍のルーツ』（学習研究社、二〇〇〇年）三一七頁）。ペリーが代将と呼ばれたり大佐と呼ばれたりするのはそのためであるが、従って彼を提督と呼ぶのは妥当ではないかも知れない。
35　源田『真珠湾作戦回顧録』。
36　源田は航空機と搭乗員の訓練と人命の費用を見積もっていない。
37　平間洋一「空母機動部隊とは何か——その誕生から今日まで」（『世界の艦船』第五五八号、一九九九年）七二頁。

38 タラント攻撃は当初、空母二隻が投入される予定であったが、イーグルに事故があって、単艦による攻撃となったので、空母の集中使用のプライオリティーも幾らかは英海軍にあるかも知れない。
39 谷光『米軍提督と太平洋戦争』四一六、四六八〜四六九頁。
40 武蔵は一番主砲・三番主砲の積込みは終わり、八日は二番主砲の砲身積込みをしていた日である〔『戦艦武蔵建造記録』刊行委員会『戦艦武蔵建造記録——大和型戦艦の全貌』(アテネ書房、一九九四年)一一九頁〕。竣工は昭和十七年八月五日である。
41 福井静夫『日本の軍艦——わが造船技術の発達と艦艇の変遷』(出版協同社、一九五六年)一一二〜一一三頁。
42 ケンタッキーはミサイル艦への改造が考えられていた。一九五八年解体契約。
43 縜縜がこれらのことを知らないわけではなく、知っていてそう主張しているのである。但し、縜縜はイリノイとケンタッキーの起工を一九四二年十二月としている〔縜縜厚「日本陸海軍が弾き出したアメリカの実力と連合艦隊が描いた開戦時の戦略戦術」(『連合艦隊　日米開戦編』世界文化社、一九九八年)一四一頁〕。筆者が拠っているのは、瀬名堯彦「アメリカ戦艦の艦歴」(『世界の艦船』第四一七号、一九九〇年)である。なお、アメリカの生産力からすればやはり戦艦は「極力」造らなかったと言うのであれば、それはアメリカが結局物量で勝ったという主張に還元される。なお、イギリスが戦艦ヴァンガードを竣工させたのは一九四六年四月である。フランスがジャン・バールを完成させたのは一九五〇年四月のことである。
44 米海軍は以上の戦艦に加えて、一九四〇年度計画で、巡洋戦艦というべきアラスカ級大型巡洋艦六隻を計画し、二隻を完成させた。グアム、ハワイ、フィリピン、プエルト・リコ、サモアと准州や植民地の名が付けられている。

45　谷光太郎『アーネスト・キング――太平洋戦争を指揮した米海軍戦略家』（白桃書房、一九九三年）一六九頁。
46　この二艦の復帰が遅れたのは、大戦前に行えなかった近代化改装も併せて行ったからである。
47　村田晃嗣『米国初代国防長官フォレスタル――冷戦の闘士はなぜ自殺したのか』（中央公論新社、一九九九年）一四九頁。
48　豊田穣『海軍軍令部』（講談社、一九九三年）三三一頁。
49　エセックス級は、開戦とともに二隻が追加、その後も合わせて総計三十二隻が発注され、戦後完成も七隻、二隻は解体、六隻はキャンセルされた。この他に、建造中のクリーヴランド級軽巡九隻を空母として再発注したインディペンデンス級がある。再発注は一九四二年三月で真珠湾攻撃の後であるが、エセックス級竣工までの空白を埋めるために急遽計画されたものである。ネームシップのインディペンデンスは一九四三年一月に竣工、残りも同年内に全て竣工している（本級は六月に新たに設けられた「軽空母」に類別された）。
50　千早正隆『日本海軍の戦略発想』（中央公論社、一九九五年）一七六頁。
51　「戦艦武蔵建造記録」刊行委員会『戦艦武蔵建造記録』一一四頁。
52　福井『日本の軍艦』一三二頁。
53　宇垣纒『戦藻録』新装版（原書房、一九九六年）八九頁。
54　千早正隆『連合艦隊興亡記』上（中央公論社、一九九六年）七四頁。
55　安藤日出男『幻の空母信濃』（朝日ソノラマ、一九八七年）六〇頁。
56　防衛庁防衛研修所戦史室『戦史叢書88　海軍軍戦備〈2〉開戦以後』（朝雲新聞社、一九七五年）二五、三一頁。

57 福井『日本の軍艦』一〇〇頁。
58 安藤『幻の空母信濃』九八頁。
59 同右、九九頁。
60 防衛庁防衛研修所戦史室『戦史叢書31　海軍軍戦備〈1〉昭和十六年十一月まで』（朝雲新聞社、一九六九年）八三四頁。
61 千早正隆『連合艦隊興亡記』下（中央公論社、一九九六年）五二頁。
62 井上成美伝記刊行会編『井上成美』（井上成美伝記刊行会、一九八二年）二八九頁。
63『戦史叢書10』五二〇頁。
64 なお、宇垣は大西の持論に対して、「所見尤もなるもの多きも、〔……〕本件尚研究の余地ありと認む。広漠たる大洋上基地航空兵力の使用は困難なり。航空を前進せしむる為には航空母艦のみにて足れりや」（宇垣『戦藻録』八九頁）と感想を記している。この条は宇垣の、延いては日本海軍の「大艦巨砲主義」を示すものとしてよく引かれる箇所である。しかし、宇垣参謀長は山本の司令部の中では浮いた存在で、例えばミッドウエイ海戦も先任参謀の黒島亀人大佐（兵四十四期）と戦務参謀の渡辺安次（兵五十一期）の作戦であるというから、宇垣の「主義」が何であれ、日本海軍の方針を代表してはいないだろう。しかもこの感想は、嶋田に対する「敵にして戦艦を有するも、凡有る場合之を無効ならしめる方策だに立たば、何億圓と多大の資材を投ずるの要なし」という意見と併せて、穏当なもののように思われる。千早も最初は宇垣に対して批判的であったが（千早『連合艦隊興亡記』上、二四九頁）、後に評価するようになる〔千早正隆『日本海軍の驕り症候群』上（中央公論社、一九九七年）一五四〜一五七頁〕。
65『戦史叢書10』四八頁。

66 井上成美伝記刊行会『井上成美』二九一頁。
67 ハワイ作戦の意味には南雲艦隊が、アメリカの哨戒圏を離れる利点はあるが荒天濃霧の惧れのある北方航路を採っ（て成功させ）たことも含まれる。もしアメリカがこの航路を逆に辿って日本に侵攻すれば、空軍化した帝国海軍は殆ど無力だったことになる。
68『戦史叢書10』一六九～一七〇頁。従来、秋雲は夕雲型とされていたが、これも陽炎型である。詳細は、田村俊夫「新事実発見！　駆逐艦秋雲は陽炎型だった」（『世界の艦船』第四七九号、一九九四年）を参照。
69 その上で、「臨時編成の機動部隊で作戦したため、対空・対潜防御の組織的強化ができなかった」（阿部安雄「第2次大戦における日米空母機動部隊――その戦いを総括する」（『世界の艦船』第五五八号、一九九九年）八三頁）と言うことには意味がある。
70 高須廣一「開戦時における米艦隊の編成」（『世界の艦船』第三三七号、一九八四年）一六六～一六七頁。
71 実松編『現代史資料35』六二～六四、八二～八六頁。
72 サミュエル・E・モリソン『太平洋戦争アメリカ海軍作戦史2　太平洋の旭日』下、中野五郎訳（改造社、一九五〇年）二七～二八頁。
73 モリソン『太平洋戦争アメリカ海軍作戦史2』一二〇頁。
74 谷光『アーネスト・キング』一九八頁。
75 チェスター・W・ニミッツ、エルマー・B・ポッター『ニミッツの太平洋海戦史』実松譲・富永謙吾訳（恒文社、一九九二年）四一頁。
76『戦史叢書80　大本営海軍部・聯合艦隊〈2〉』（朝雲新聞社、一九七五年）一六七頁。

77 E・B・ポッター『提督ニミッツ』南郷洋一郎訳（フジ出版社、一九七九年）六四頁。
78 同右、六七頁。
79 同右、七〇頁。
80 同右、一〇五頁。
81 サミュエル・E・モリソン『太平洋戦争アメリカ海軍作戦史4 珊瑚海・ミッドウェー島・潜水艦各作戦』下、中野五郎訳（改造社、一九五一年）二九五頁。
82 日本の戦艦はアメリカのそれよりも優速とは言え（二十五ノット前後）、やはり母艦に随伴できないことは同じである。事実、三十ノットの金剛型の四隻は母艦に随伴して酷使されたのである。
83 モリソン『太平洋戦争アメリカ海軍作戦史4』二九九頁。
84 ポッター『提督ニミッツ』三三三頁。
85 『戦史叢書80』一一八頁。
86 福留『史観・真珠湾攻撃』三五六頁。
87 また、作戦担当の部署ということで言えば、一課長の富岡定俊大佐も、大和型の計画時には、巡洋艦及び母艦との機動戦を考え三十五ノットの速力を要求して辞表を懐にした〔中澤佑刊行会編『海軍中将・中澤佑――海軍作戦部長・人事局長回想録』（原書房、一九七九年）二三頁〕くらいだから、旧弊な大艦巨砲主義者とは言えまい。
88 『戦史叢書80』四六四頁。
89 『戦史叢書77』三一八頁。
90 防衛庁防衛研修所戦史室『戦史叢書39 大本営海軍部・聯合艦隊〈4〉』（朝雲新聞社、一九七〇年）四三四頁。

91 『戦史叢書39』四七一頁。
92 中島『聯合艦隊作戦室から見た太平洋戦争』一一三、一六四頁。なお、内藤中佐も聯合艦隊航空甲参謀に移った。
93 谷光『米軍提督と太平洋戦争』四七一頁。
94 『戦史叢書39』五五頁。
95 防衛庁防衛研修所戦史室『戦史叢書71　大本営海軍部・聯合艦隊〈5〉』（朝雲新聞社、一九七四年）三〇四〜三一二頁。
96 但し、両用砲が効果を示すようになったのは、目標が十五メートル以内に入ると作動する近接信管が供給され始めた一九四三年一月以降のこととされている（命中率は通常弾の三倍になった〔岸尚「近接信管の開発」（『軍事史学』第二十四巻第四号、一九八九年）五九〜六〇頁〕）。
97 サミュエル・E・モリソン『太平洋戦争アメリカ海軍作戦史3　珊瑚海・ミッドウェー島・潜水艦各作戦』上、中野五郎訳（改造社、一九五〇年）一八三頁、モリソン『太平洋戦争アメリカ海軍作戦史4』二九五頁。
98 中川務「アメリカ戦艦はいかに戦ったか――装備の変遷を含めて」（『世界の艦船』第五五九号、一九九九年）一三六〜一三七頁。
99 ポッター『提督ニミッツ』二六六頁。
100 淵田美津雄・奥宮正武『機動部隊』（朝日ソノラマ、一九九二年）一一二頁。
101 防空巡洋艦としては、砲は五インチ両用砲十六門のみを搭載したアトランタ級軽巡があり、一九三八年と一九四〇年度計画で各々四隻、一九四三年度計画で三隻建造された。なお、日本でも、新型の九十八式十センチ高角砲八門搭載の駆逐艦秋月型が昭和十四（一九三九）年の㊃計画で建造されている。

102 『戦史叢書80』八一頁。
103 『戦史叢書39』五六頁。
104 『戦史叢書1』五七七頁、防衛庁防衛研修所戦史室『戦史叢書83　南東方面海軍作戦〈2〉ガ島撤収まで』（朝雲新聞社、一九七五年）八四頁。
105 宇垣『戦藻録』一七二頁。
106 吉田『作戦参謀とは何か』一一八頁。
107 聯合艦隊司令部を陸に置くならば、通信施設も含めて司令部施設を作らなければならない。どこに作るべきで山本をどこに置くべきだったと言うのだろうか。
108 『戦史叢書83』二〇八頁。
109 黛治夫『艦砲射撃の歴史』（原書房、一九七七年）二四四～二四九頁。黛治夫の論は、日本のアメリカに対する工業生産力の圧倒的劣位を前提として立てられる。従って、日本は、アメリカの急速造成可能な航空機ではなく、短期間に兵力変更ができない戦艦による決戦を生起せしむるべきで、そのためにはハワイ作戦ではなく、まず南方の石油資源地帯を占領すれば、彼は現有兵力のまま早期に西進し、我はこれと対戦するので（これは双方の海軍が長年培ってきた計画の通りである）、その場合、大和・武蔵の巨砲がその威力を発揮するだろう、というのが彼の大艦巨砲主義の意味である〔黛治夫『海軍砲戦史談』（原書房、一九七二年）二六九～二七一頁〕。従って、これも一般論ではなく、特殊解である。
110 イヴァン・ミュージカント『戦艦ワシントン――米主力戦艦から見た太平洋戦争』中村定訳（光人社、一九八八年）二一七～二一八頁。
111 淵田・奥宮『機動部隊』一一三頁。

112 『戦史叢書10』四八三頁。
113 淵田・奥宮『機動部隊』一二四頁。
114 御田俊一『帝国海軍はなぜ敗れたか』新装版（芙蓉書房、一九八七年）一八三頁。
115 宇垣『戦藻録』一九三頁。
116 同右、一九八頁。
117 同右、一六六頁。
118 同右、一八〇頁。
119 同右、二一一頁。
120 ポッター『提督ニミッツ』一〇五、二六六頁。
121 『戦史叢書83』二〇八頁。
122 『戦史叢書１』五七二〜五七五頁。
123 『戦史叢書83』二八三頁、同三〇三頁も参照のこと。
124 淵田・奥宮『機動部隊』一二三頁。
125 『戦史叢書83』二〇八頁。
126 宇垣『戦藻録』二〇〇頁。
127 『戦史叢書83』二〇八頁。
128 モリソン『太平洋戦争アメリカ海軍作戦史４』二九九頁。
129 谷光『アーネスト・キング』二六三頁。
130 もう一つの理由は、「この調子では東京に着くまで十五年かかることになる！」というものである。
131 エドワード・ミラー『オレンジ計画──アメリカの対日侵攻50年戦略』沢田博訳（新潮社、一九九四年）六頁。

132 同右、三三三頁。

133 ポッター『提督ニミッツ』三五三頁。昭和十九（一九四四）年三月にGFの編制替えがあり、一艦隊が解消されて大和・武蔵・長門の三戦艦は二艦隊に編入され、二艦隊と三艦隊は聯合して第一機動艦隊となった。一般にこれは、大艦巨砲主義に対する航空第一主義の遅すぎる実現と言われている。しかしこの編制の主旨はそういうことではなく、一つはアメリカの進撃路線が「中部太平洋軸線」に移ったことに対する対応、二つは二月二十日のラバウルからの撤退によって、ガ島撤退以降の基地航空への傾きが再び母艦航空の方に戻ったことにあるのである。

134 ポッター『提督ニミッツ』二〇一頁。

135 同右、二〇五頁。

136 同右、二〇四～二〇五頁。

137 谷光『米軍提督と太平洋戦争』四〇六頁。

138 同右、四〇七頁。

139 御田『帝国海軍はなぜ敗れたか』一二一頁。

140 モリソン『太平洋戦争アメリカ海軍作戦史3』一四〇頁。

141 ポッター『提督ニミッツ』三六九、四二〇頁。

142 ブュエル『提督・スプルーアンス』二二九頁。

143 同右、二八五頁。

144 同右、三二〇頁。

145 同右、三二二頁。

146　ポッター『提督ニミッツ』四六四頁。
147　E・B・ポッター『「キル・ジャップス!」――ブル・ハルゼー提督の太平洋海戦史』秋山信雄訳（光人社、一九九一年）四八八頁。
148　千早正隆『日本海軍の戦略発想』九八～九九頁。
149　奥宮正武『真実の日本海軍史』（PHP研究所、一九九九年）二六〇～二六一頁。
150　故大西瀧治郎海軍中将伝刊行会編『大西瀧治郎』（故大西瀧治郎海軍中将伝刊行会、一九五七年）一九頁。
151　提督小澤治三郎伝刊行会『増補　提督小澤治三郎伝』（原書房、一九七九年）二六一頁。
152　生出寿『智将小沢治三郎』（徳間書房、一九八八年）一三六頁。
153　『戦史叢書31』五四六頁。
154　同右、五三一頁。
155　ミッドウエイ後の改㊄計画では雲龍型十五隻、大鳳改型五隻に改められたが、雲龍型は完成三隻、着工未成三隻に留まった。完成艦も開戦直前に決まった雲龍を含めてマリアナ沖海戦に間に合わず、大鳳改型は昭和十八年秋詳細設計が終わった段階で建造とり止めという惨憺たる結果に終わった。
156　『戦史叢書31』六〇五、六〇七頁。
157　同右、五九五、六二三、七九五頁。
158　同右、八一六、八四四頁。
159　同右、四二七頁。龍鳳・祥鳳・瑞鳳の三隻はアメリカの「軽空母」に相当すると言える。隼鷹と飛鷹の二隻はミッドウエイ後の二航戦の中核となった。大鷹・沖鷹・雲鷹は大鳳との組み合わせで運用される構想の母艦であったらしいが、新型機の発着には低速に過ぎて（二十一ノット）、輸送・護衛任務に就いた。結果的にはアメリカの「航空護衛空母」（一九四二年八月からは「補助航空空母」）に相当することになる。日本はミッドウエイ後に決まった海鷹と神鷹を加えても五隻にしかならないが、アメリカは、貨客船モアマックメイルを三ヶ月で改造したロング・アイランドを一九四一年六月に就役させたのを皮切りに、チャージャー、ボーグ／プリンス・ウイリアム級四十四隻、サンガモン級四隻、カサブランカ級五十隻、コメンスメント・ベイ級十九隻、都合一一九隻を竣工させた。カサブランカ級は溶接とブロック工法による大量生産で一つの造船所（カイザー造船所）が一年間で五十隻の全てを完成させた。これらの空母は、二十ノット以下の劣速と劣性能で「ジープ空母」とか「ベビー空母」と言われて軽んじられながらも、輸送と護衛に従事した。一九四二年八月二十一日、ガ島に艦戦十八機、艦爆十二機を揚陸させたのがロング・アイランドである。アメリカにはこの外に、何と外輪船の改造空母まであった（類別は雑務艦）。訓練用ではあるが、アメリカの徹底ぶりには頭が下がる。

160 鈴木眞哉『鉄砲と日本人――「鉄砲神話」が隠していたこと』（筑摩書房、二〇〇〇年）三三九頁。

161 鈴木眞哉によれば、西洋から白兵主義が入る前の日本本来の戦い方は「遠戦志向」であった（同右、二〇九頁）。アメリカの戦艦に勝る大和の射程距離、航空機の航続力、そしてアウトレンジ戦法はその名残であろうか。

162 兵頭二十八「『あたりまえの有難さを守る当然の努力』について――附・ミッドウェー戦記考」（『草思』三巻二号、二〇〇一年）三〇頁。

163 高木惣吉『太平洋海戦史』（岩波書店、一九四九年）三六頁。

164 淵田美津雄・奥宮正武『ミッドウェー』（日本出版共同株式会社、一九五一年）二五四頁。

165 淵田美津雄・奥宮正武『ミッドウェー』（第一八版）新装版（出版共同社、一九六〇年）。

166 昭和三十五年に「本書を典拠」とした東宝映画『太平洋の嵐』が公開されたのを機に復刊された。フイルムでは「日本艦隊の主力は柱島にのうのうと時を消費している戦艦に非ず」という台詞がある程度である。

167 『戦史叢書10』七四頁。
168 源田『真珠湾作戦回顧録』三八頁。
169 寺部甲子男「空母機動部隊の運用」(『[歴史群像] 太平洋戦史シリーズ１　奇襲ハワイ作戦』学習研究社、一九九四年）一〇二頁。
170 平間「空母機動部隊とは何か」七三頁。
171 野中郁次郎『アメリカ海兵隊――非営利型組織の自己革新』(中央公論社、一九九五年）一一五頁。
172 纐纈『侵略戦争』七二～七三頁。
173 谷光『アーネスト・キング』二二四～二二五頁。
174 谷光『米軍提督と太平洋戦争』四七〇頁。
175 ミラー『オレンジ計画』三二七頁。
176 同右、三二四頁。
177 同右、三六三頁。
178 同右、五～六頁。
179 同右、二二三頁。
180 同右、二七七頁。
181 谷光『米軍提督と太平洋戦争』二七六頁。
182 纐纈『侵略戦争』七〇～七一頁。
183 ニミッツ、ポッター『ニミッツの太平洋海戦史』三八七頁。

184 纐纈『侵略戦争』七三頁。

185 この西洋は現実の西洋ではないのだから、これは例えば韓国であってもよい。その場合、韓国の出来事も日本の陽画でしかないので、その意味をその生活様式のなかで理解しようとはしないのである。

186 池田清『海軍と日本』(中央公論社、一九八一年)四〇頁。

187 同右、一四四頁。

188 同右、一五五頁。

189 鈴木はフラー将軍の「マスケット銃が歩兵をつくり、歩兵が民主主義をつくった」という言葉を紹介している〔鈴木眞哉『謎とき日本合戦史——日本人はどう戦ってきたか』(講談社、二〇〇一年)三〇〇頁〕。

190 源田實『海軍航空隊、発進』(文藝春秋、一九九七年)六一頁。

191 奥宮正武『大艦巨砲主義の盛衰』(朝日ソノラマ、一九八九年)三二〇~三二一頁。

192 奥宮正武『海軍航空隊全史』下(朝日ソノラマ、一九八八年)二九〇頁。

193 石原莞爾『最終戦争論・戦争史大観』(中央公論社、一九九三年)二五六頁。

194 同右、二五五頁。

195 『戦史叢書10』八三頁。

196 故大西瀧治郎海軍中将伝刊行会編『大西瀧治郎』四六、四七頁。

197 源田實『海軍航空隊始末記』(文藝春秋、一九九六年)五五頁。

198 谷光『米軍提督と太平洋戦争』四二〇~四二二頁。

199 石原莞爾『最終戦争論・戦争史大観』二五六頁。

200 故大西瀧治郎海軍中将伝刊行会編『大西瀧治郎』四六頁。

201　アメリカのパイロットで士官の占める割合は八五パーセント、日本海軍では八パーセントがやっとであった〔熊谷直「母艦搭乗員の大量養成に失敗した日本海軍」（『連合艦隊　小澤機動部隊編』世界文化社、一九九九年）五二頁〕。

202　佐藤卓己は、『総力戦と現代化』と題する論文集において、「この占領軍の検閲は主体性と自主性をシステム資源として動員する」〔佐藤卓己「総力戦体制と思想戦の言説空間」（山之内靖他編『総力戦と現代化』柏書房、一九九五年）三一六頁〕ものと述べ、戦中日本との「連続性」を検証している。

203　航空と社会との関連について言えば、航空機搭乗員は西日本出身者と相関関係があるのではないかと思う。真珠湾攻撃の七人の隊長だけを見ても、父親が機関大佐だった関係で横須賀に生まれた新藤三郎大尉以外は皆西日本の出身である。飯田房太大尉も山口の出身である。大西瀧治郎は兵庫、源田実も広島である。以前、兵学校出身者にこのことを確認したところ、こともなげに首肯されたので、関係者の間では知られたことなのかも知れない。かつて社会学や民族学では日本の社会を西日本と東日本の二つの型に分ける説があった。ここではその解釈は措くが、搭乗員に西日本出身者が多いことにはその社会的背景があるのではないかと思う。

204　鈴木『謎とき日本合戦史』五一頁。

第2章

喪失艦から脱した艦長は冷遇されたのか

森　雅雄

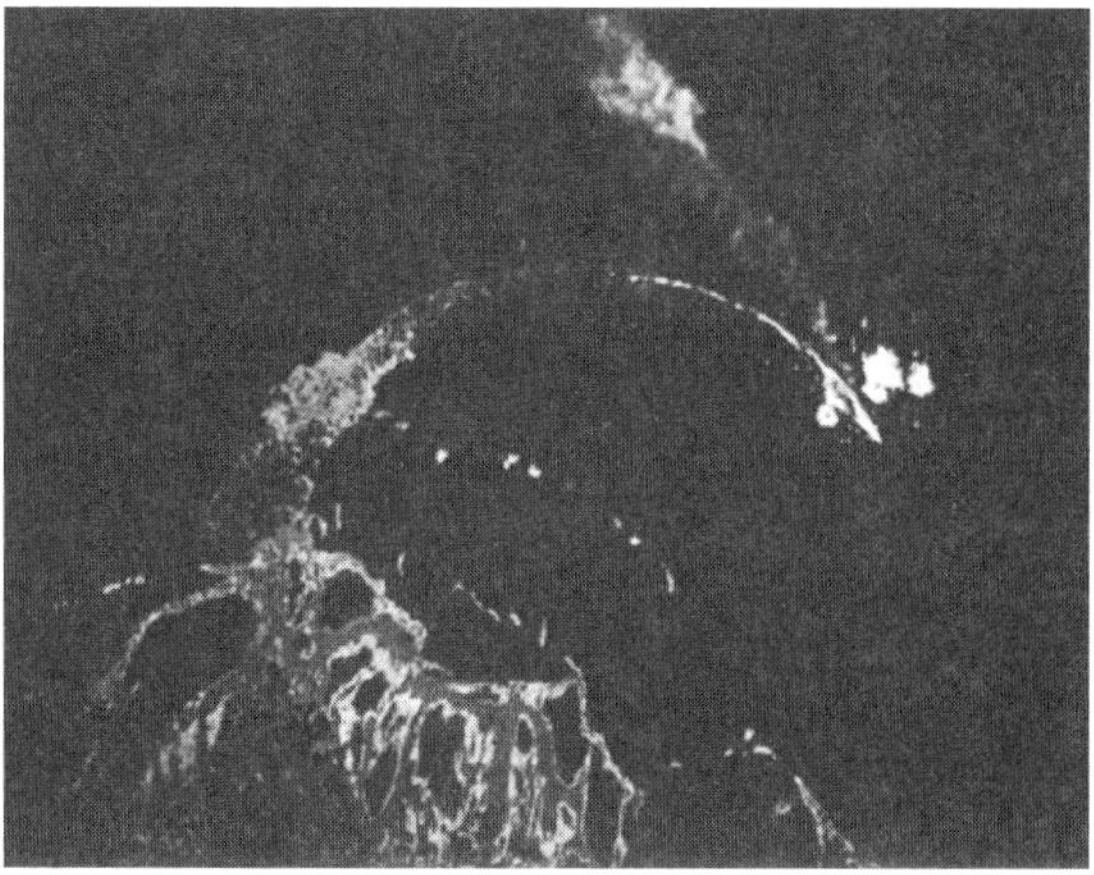

「戦艦比叡」
1942年11月13日、アメリカ陸軍爆撃機B17の攻撃を受ける戦艦比叡。すでに損害を被って重油を流しながら航行している。この後、比叡は自沈した。
（写真：USAF, HieiB17Nov13.gif）

一ノ瀬俊也は戦艦武蔵の猪口艦長が退艦することなく艦と共に沈んだ理由を考察するなかで、最初に、昭和の日本海軍においては生還した艦長への人事上の冷遇があると考えた。一ノ瀬はこの冷遇を例証するものとして、千早正隆の挙げる、予備役に編入した上で即日応召して閑職につけたり激戦地にあげられて遂に戦死したという例を引き、この二人が「貴重な戦艦を失ったことの責任をとらされたのは間違いない」＊1とした。前者は第三次ソロモン海戦で比叡を沈めた西田正雄、後者は霧島を失った岩渕三次である。

しかし、千早はこの海戦の時、十一戦隊の参謀として比叡の戦闘艦橋にあり負傷して戦隊司令官の阿部弘毅とともに比叡から降りた人物である。つまり一方の当事者なのである。また戦後は日本海軍を批判する立場から多くの書物を書いている人物でもあり、これを資料として使うには資料批判の余地があるだろう。

また事例の数も少ない。太平洋戦争では日本海軍は多くの軍艦を喪失した。それをたった二つの事例で判断するのは、一斑を見て全豹を卜するようなものである。ここではそもそもこの冷遇は本当にあったことなのかを、全ての戦艦・空母・巡洋艦について概観する。ただし、ミッドウェー海戦後、巡洋艦に艦種変更となった日露戦争期の旧式艦は省いた。また、駆逐艦や潜水艦は分類上軍艦ではないので除いた（その指揮官は艦長ではない。御紋章もない）。戦艦・空母・巡洋艦以外にも軍艦はあるが、煩瑣になるし一線級でもないと判断してこれも除いた。

遡上に載せた合計八十隻の軍艦のうち、喪失した艦は、沈没、処分・自沈、着底・横転を合わせて七十隻である。ただし、錯綜する情報を吟味して喪失理由ごとに区分けすることは困難なので、ここではこれ以上の分類はしない（喪失と残存の区別も同様で、この区分にも恣意性が入っている）。そのうち、戦死した艦長は三十六人、生還した艦長は延べで三十四人である。生還者を艦種別に分ければ、戦艦は十一隻のうち三人、空母は二十一隻のうち十人、重巡は十六隻のうち七人、軽巡は二十二隻のうち十四人である。生還率は戦艦が一番低く、軽巡が一番高い。これには戦艦の格の高さのようなものが反映しているかも知れない。ただし、艦長の戦死が、艦とともに沈む意志があることに等しいわけでもない。戦闘中砲弾が当たって死ねば戦死であるし、負傷して救助後死亡した場合も戦死に扱われる。全ての事例について同等の水準の詳細さにおいて状況を比較するのは困難なので、これについてもこれ以上検討しない。

では彼ら生還者たちが人事上の冷遇を受けたのであろうか。まず千早が言う閑職や激戦地は定義が曖昧で検証に耐えないことを指摘しておく。閑職と激戦地は殆ど相対する概念である。閑職または激戦地であることが恒真文であるとは言わないまでも、戦時中に閑職でもなく激戦地でもない、大佐級を遇するポストとは何で、それがどれほどあったのだろうか（いま艦が一隻沈み、確実にそのポストが一つ減った）。また艦を沈めようと沈めまいと誰かは必ず閑職に就いたり激戦地に赴かなければならないのである。人事上の処遇のより明確な指標として使えるのは階級であろう。また、一ノ瀬は「艦長が生き残っては部下たちに示しがつかないという軍隊組織ならではの論理」＊２も指摘しているが、生き残った艦長が再び艦長になることはなかったのだろうか。これも反証可能な命題である。

戦艦を喪失して生還した艦長は三人いる。

西田はクラスヘッドで将来はＧＦ司令長官も嘱望されていた人物であったが、予備役に編入され即日、厦門在勤武官となり、大佐のままで終わった（阿部もこの海戦の後、予備役に編入された）。しかし、同様の例は赤城艦長の青木泰二郎の例があるだけで、他にない。西田が昇進せず、予備役に編入されたのは、「貴重な戦艦を失ったことの責任をとらされたのは間違いない」というよりも、主機械・缶が全力発揮可能であったにもかかわらず（それを知らずに）キングストン弁を抜いたからなのではないだろうか。それでは殆どスキャンダルであろう。阿部司令官についてもその退艦は早すぎ、それが状況を把握できずに処分命令を下すことに繋がったとも言われる*[3]。さらに言えば、処分を巡ってはＧＦ司令部の命令にもブレがあったし、最後の処分するなの命令が届く前に処分してしまったのである。

岩渕は霧島を沈めた後、ニュージョージア島のマダンに送られた。『陸海軍将官人事総覧』では第八聯合特別陸戦隊司令官に就いたことになっているが、これは呉第六特別陸戦隊司令ではないだろうか*[4]。聯合特陸司令官に就いたのは大田実だと思われる。マダンでは「蛇やトカゲまで食」べたかも知れないが*[5]、岩渕は米軍が揚陸する二ケ月前に内地に戻されているから、彼が送られたマダンは「激戦地」ではない。もし海軍上層部が彼を本当に「激戦地にあげ」るつもりだったのならば、そのまま彼をマダンに置いていた筈である（それとも舞鶴の人事部長が閑職だったというのだろうか）。また翌年の五月には少将にもなっている。これは第三次ソロモン海戦の次の昇進時期のことでそこには何の遅滞もない。最後の任地で彼は「遂に戦死した」が、それも神ならぬ海軍上層部の予定ではないだろう。実際、山下奉文はマニラでは自決の道を選ばなかったのである。

もう一人、戦艦を大破着底させたのは榛名艦長の吉村真次であるが、それは終戦間近の七月二十八日のことで、その後の彼にどのような処遇が待っていたのかは分からない。彼の経歴は八月十五日の呉鎮付で終わっている。

空母を喪失して生還した艦長は延べ十人いる。

赤城を失った青木は先に少し触れたが、青木の場合も単に赤城を沈めたというより、それを処分させたことで比叡と共通している。火勢を抑えるために機関は停止していたが、少なくとも南雲が艦を降りた段階では機関は完全だったようだ。鎮火すれば曳航することも可能だったようで、或いは自力航行も可能だったかも知れない。青木から処分許可の要請があった後、南雲からもＧＦ司令部からも待ての指示が出てから処分命令が出るまで長い時間を浮いていたことになる。なお、青木は艦首の錨甲板に火災を避け錨に身をしばりつけていたが、曳航命令が出たので艦長も移乗して曳航作業を指揮して下さいという航海長の懇願により艦を降りたらしい＊6。

興味深いのは大鷹を沈めた杉野修一である（彼は孫七の子息である）。彼はこの前に球磨を沈めて救助されて大鷹の艦長となり、再び大鷹を沈めた。その後、旅順特根付となった後も長門の艦長になった。かつてのＧＦ旗艦の艦長に就いた人事に懲罰の跡を感じることはできないのではないか。少なくとも、艦を沈めれば再び艦長になれないのではないことは確かである。

平塚四郎が天城を横転させたのは終戦直前の七月二十八日、大須賀秀一（兼任）が海鷹を座礁させたのは七月二十四日のことで、彼らの経歴も八月十五日の呉鎮付、横鎮付で終わっている*7。

その他の空母の艦長がその後に就いたのは、鎮守府出仕・鎮守府付などの一時的な発令と思われるものを省けば（重巡・軽巡についても同様）、龍驤艦長の加藤唯夫は航空技術廠飛行実験部長、翔鶴艦長の松原博は相浦海兵団長、大鳳艦長の菊池朝三は二十五航戦司令官、祥鳳艦長の伊沢石之介は佐世保工廠総務部長、瑞鳳艦長の杉浦矩郎は第一護衛艦隊参謀長、飛鷹艦長の横井俊之は二十五航戦司令官である。

重巡を失って生還した艦長は延べ七人である。

サヴォ島沖海戦で古鷹を沈めた荒木伝は艦とともに沈む気でいたが大波に押し流されて海に投げ出されたという*8。しかし、彼もこのあと筑摩の艦長になり、佐世保港務部長、千歳艦長、日向艦長兼務を経て、愛宕艦長となり、再びレイテで愛宕を沈めて一水雷校教頭に就いている。これも艦を沈めて再び艦長になった例である。なお、荒木は愛宕を沈めた同じ月に少将になっていた。

加古艦長の高橋雄次も艦を沈めた後、旅順方面特根副長兼参謀となり、その後は鈴谷の艦長に就いている。

この鈴谷をレイテで沈めた寺岡正雄もこのあと八雲艦長になっている。八雲は日露戦争時代の旧式巡洋艦である。格落ちかも知れないが、レイテ以降どれほどの艦が残っていたのかを考えれば、そうとも言い切れないのではないか。なお、鈴谷には処分命令が出ていたらしい。その点では赤城に似ている。寺岡も少将に昇進することなくキャリアを終えたが、彼が少将に昇進しなかったのは、期数が四十六期とまだ若かったからだと考えてよいだろう。

艦を喪失して生還した艦長三十二人について見ると、少将に昇進したのは十人、大佐で終わったのが二十二人であるが、それはおおむね四十五期を境にしており、年功で決まっていると判断できる。少将になった者は四十三期が三人、四十四期が一人、四十五期が五人、四十六期が一人。大佐止まりは四十期が平塚の一人、四十一期が青木の一人、四十二期が次に述べる村山の一人、四十四期が西田の一人、四十五期が二人、四十六期が三人、四十七期以降が十三人である。平塚と村山が艦を喪失したのは終戦直前のことであるから、彼らの昇進が遅れたとしてもそれは艦を沈めたからではない。

村山清六（兼任）が青葉を着底させたのは終戦直前の七月二十四日、岡田有作が利根を着底させたのは七月二十八日で、彼らも八月十五日の艦長の免兼職と呉鎮付だけで終わっている*９。

足柄艦長の三浦速雄が生還の後に就いたのも第二南遣艦隊参謀副長である。

軽巡を失って生還した艦長は延べ十四人いる。この内、経歴が確認できるのは十二人である。

球磨艦長の杉野については既に述べた。

四水戦旗艦の由良はガ島総攻撃に協同してルンガ泊地に突入、敵機の攻撃を受けて被弾、終いに処分した。艦長の佐藤四郎がその後就いたのは九江警備隊司令である。艦を処分して生還した艦長の事例であるが、彼はその後、少将になっている。四十三期であるから少将になるには充分である。

田口正一が大淀を横転させたのは七月二十八日であるから、彼の経歴も八月十五日の横鎮付で終わっている。

龍田艦長の島居《しまずい》威美の直後の人事は確認できないが、昭和二十年三月一日付けで出雲艦長に補せられているから、その後も艦長になれたのである。出雲も旧式の巡洋艦である*10。

その他の軽巡の艦長がその後に就いたのは、天龍艦長の上田光治は第十二特根副長兼参謀長、大井艦長の柴勝男は軍令部一部長直属部員、木曽艦長の今村了之介は横鎮首席参謀、鬼怒艦長の川崎晴美は第三十六警備隊司令、阿武隈艦長の花田卓夫は兵学校教官兼監事、那珂艦長の末沢慶政は軍令部第一部長直属部員、能代艦長の梶原季義は水路部二部三課長、矢矧艦長の原為一は川棚突撃隊司令である。

西田も戦艦でのガ島砲撃には反対だった。この海域が戦艦が戦うには狭すぎたからである*11。しかし、抗命及ばず、比叡は殆ど零距離射撃の海域に突入していった。西田も艦長は艦と共に沈むべきだと考えていたが、報告を理由に戦隊司令部に呼ばれた時に処分魚雷が発射されてしまった。彼がそう考えていたのは、戦死した部下に対する責任感からである。艦は艦長の命令によってのみ動く。もし艦長が迂回航路をとっていれば敵潜に逢わなかったかも知れない。もし艦長がもう三分早く総員上甲板の号令をかけていれば機関科員は助かったかも知れない*12。

事実、信濃の阿部艦長は駆逐艦長たちの猛反対にもかかわらず外洋コースを選んで敵潜アーチャーフィッシュに捕捉され、注排水指揮所員たちは最後までその持ち場を離れずに指揮所は孤立、水没した。そして、阿部は艦と共に海に沈んだのである*13。

この時、阿部は、艦の傾斜を尋ねる注排水指揮官の稲田文男大尉に対して、艦は大丈夫だと応えた。阿部は嘘を吐いたのである。しかし、この嘘について阿部に対して如何なる罪が問えるのだろうか。そしてそれは、あれは侵略戦争だったと言わない者の罪と同じ形をしているように思われる。つまり、そう言えば、戦友の死が犬死になってしまうと考えるからである。

【参照文献】


安藤日出男『幻の空母信濃』(朝日ソノラマ、一九八七年)。

一ノ瀬俊也『戦艦武蔵――忘れられた巨艦の航跡』(中央公論新社、二〇一六年)。

草鹿龍之介「運命のミッドウェー海戦」(『完本・太平洋戦争(一)』文藝春秋、一九九四年)。

高木惣吉『自伝的日本海軍始末記』(光人社、一九九五年)。

外山操編『陸海軍将官人事総覧(海軍篇)』(芙蓉書房、一九八一年)。

外山操『艦長たちの軍艦史』(光人社、二〇〇五年)。

福川秀樹編『日本陸海軍人名辞典』(芙蓉書房出版、一九九九年)。

淵田美津雄・奥宮正武『ミッドウェー』(朝日ソノラマ、一九八二年)。

吉田俊雄『戦艦比叡』(朝日ソノラマ、一九八五年)。

付記――飯倉教授には辞令公報もお送りいただいた。期して感謝申し上げる。

＊註

1 一ノ瀬俊也『戦艦武蔵——忘れられた巨艦の航跡』（中央公論新社、二〇一六年）九五頁。

2 同右、一〇二頁。

3 吉田俊雄『戦艦比叡』（朝日ソノラマ、一九八五年）二四九頁。

4 高木惣吉『自伝的日本海軍始末記』（光人社、一九九五年）三九二頁。

5 同右、三五三頁。

6 淵田美津雄・奥宮正武『ミッドウェー』（朝日ソノラマ、一九八二年）三五〇～三五一頁。草鹿龍之介「運命のミッドウェー海戦」（『完本・太平洋戦争（一）』文藝春秋、一九九四年）三六二頁。

7 海軍大臣官房「祕海軍辭令公報」甲、第一八九七號（昭和二十年八月二七日）、一七八三頁（No. 1797）**JACAR**（アジア歴史資料センター）**Ref.C13072107000**（防衛省防衛研究所図書館）。

8 吉田俊雄『戦艦比叡』一六四～一六五頁。

9 海軍大臣官房「祕海軍辭令公報」甲、第一八九七號、一七八三頁（No. 1797）。

10 海軍大臣官房「祕海軍辭令公報」甲、第一七四一號（昭和二十年三月九日）、四四一頁（No. 0445）**JACAR**（アジア歴史資料センター）**Ref.C13072103700**（防衛省防衛研究所図書館）。

11 吉田俊雄『戦艦比叡』一九一～一九二頁。

12 同右、一九二頁。

13 安藤日出男『幻の空母信濃』（朝日ソノラマ、一九八七年）八章。

第3章

うつろうパールハーバーの記憶

アメリカの安全保障政策との関係を中心にして

飯倉　章

「パールハーバーを忘れるな！　戦債を買おう」
戦時情報局が1943年に制作したポスター。日本の外交官（左下）が平和提案をしながら、背後から「12月7日」と記されたナイフが自由の女神を刺そうとしている。腕には「ジャップの背信行為」と書かれている。ナチスの鉤十字が外交官の肩とナイフの柄に見える。

（ポスター：NARA － 515293）

はじめに

二〇一八年六月の日米首脳会談で、「私はパールハーバーを忘れていないぞ」とアメリカ大統領ドナルド・トランプは日本の首相安倍晋三を前に口にしたとされる。その報道は八月終わりに、日本とアメリカを駆け巡った。これを最初に報じたのは同年八月二十八日付けの『ワシントン・ポスト』紙の記事である*1。この「リメンバー・パールハーバー」（真珠湾を忘れるな）を想起させる大統領の言葉は、蜜月と評された日米首脳の関係に疑問を投げかけ、その後、発言の真意、いや発言そのものがなされたのかも含めて、日本で様々な政治的な思惑を伴う解釈が出現した。このトランプのパールハーバー発言については本章の終わりの方で分析しよう。ただ一つだけここで指摘しておくとすれば、真珠湾攻撃から七十七年近くを経てもなお、このフレーズ「リメンバー・パールハーバー」には人々の歴史的記憶を蘇らせる力があるということである。

歴史的記憶、とくに戦争をめぐる歴史的記憶は、国民国家においては公的記憶として国民を統合し国家安全保障意識を高める役割を果たす。さらに政策決定者の思想・信条体系を通して安全保障政策にも影響を与える。同時に、政府は記憶の装置を用いてシンボルとしての歴史的記憶を意図的に操作し、安全保障政策に資する環境を整えようとする。また、安全保障政策に正当性を付与するために歴史的記憶を利用することもある。ただ、シンボルの操作は「意図せざる結果」を生むこともしばしばある。歴史的記憶は常に曖昧さと可塑性を有するものであり、さらに、記憶同士が競合することもあれば、「記憶の活動家」の働きにより集合的記憶が世代を超えて甦り、国家間の安全保障関係にひびを入れかねない力を持つこともある。本論考＊2の目的は、パールハーバーの歴史的記憶がアメリカの安全保障政策に与えた影響と、政府や諸集団によるパールハーバーの記憶の利用について検討し、歴史的記憶と安全保障の関係を考察することにある。

本論考ではまず、記憶という概念について検討する。最初に個人的記憶、集合的記憶、公的記憶といった様々なレベルの記憶を検討し、歴史・歴史認識・歴史観・歴史の教訓といった関連する用語と比較する。次いで、日本海軍の真珠湾攻撃により、パールハーバーの公的記憶がそれ以前の公的記憶と連動して急速にかたちづくられ、アメリカ人を国民として統合して戦争へと向かわせた過程や、戦後もパールハーバーの記憶がアメリカの冷戦戦略といった安全保障戦略の形成に際してレトリックとして利用されたり、政策決定における情報利用の問題への示唆に富む教訓と考えられたり、さらには日本との同盟関係を強める比喩ともなったことを論じる。

戦後数十年を経てパールハーバーは、第二次世界大戦の「もっとも偉大な世代」を記念・顕彰するためのいわば記憶の場として機能するようになり、兵士の記念・顕彰という国家安全保障における重要な役割を担うようになった。

一方で、パールハーバーをめぐっては、様々な集団によって集合的記憶がかたちづくられ、それらは競合することにもなった。たとえばフランクリン・D・ローズヴェルト大統領の裏口参戦論などは、現地の司令官の名誉回復の問題ともからみ、公的記憶と競合するようになった。また、日米関係では謝罪論争を含む「記憶をめぐる摩擦」が表面化し、両国の安全保障関係に影響を与える事態が多少懸念されたこともあった。さらに日本では開戦通告の遅れの問題をめぐって、集合的記憶に変更を迫るような論争も展開されている。

二〇〇一年、パールハーバーの記憶は、意味付けを変えてアメリカ社会に甦った。まずはその夏に映画『パール・ハーバー』が誇大宣伝を伴って公開され、人々の記憶が新たになり、それに九・一一同時多発テロ事件が続いた。周知のように九・一一を第二のパールハーバーと捉える比喩は巷にあふれ、パールハーバーの記憶は、アメリカ社会で再び安全保障の文脈で語られる比喩やレトリックを供給することとなったのである。

しかし、二〇一〇年代ともなると、さしものパールハーバーの記憶も風化すると思われた。しかし、二〇一〇年代半ば過ぎからパールハーバーの記憶は、オバマ、トランプ二人の大統領と安倍首相の間で、異なる意味で蘇ることになる。

記憶という概念の検討

最初に記憶を社会的な概念として理論化したのは、フランスの社会学者モーリス・アルヴァックスである。社会意識の探究から始まり、アルヴァックスは早くも一九二五年に『記憶の社会的枠』を発表しているが、その記憶（とくに集合的記憶）と社会をめぐる論考が注目を集めるのは、彼の悲劇的な死の後に遺稿集『集合的記憶』が出版されてからである*3。

アルヴァックスが亡くなった経緯について簡単に記しておこう。アルヴァックス（一八七七～一九四五）の一族は、アルザス出身のカソリックであった。ヴィシー政府下のフランスで、ユダヤ系の義父と義母が、ヴィシー政府の民兵もしくはドイツのゲシュタポに殺害される事件が起こり、アルヴァックスは真相究明を試みてゲシュタポに逮捕され、ドイツ中部チューリンゲン州ブーヘンヴァルト収容所に送られ、戦争終結直前の一九四五年三月に収容所で亡くなった。戦後の混乱期のなか、アルヴァックスの遺稿の論文や遺稿集が発表され、その記憶についての探究の全容が明らかになった*4。その後、フランスでは、ミッシェル・フーコーやアナール学派のジャック・ル・ゴフ、ピエール・ノラといった学者によって、記憶の理論は深まりを見せると共に、ノラが編集した『記憶の場』といった優れた著作も生まれている。

それでは記憶、とくに集合的記憶とはどういったものであろうか。一つの特徴としては、集合的記憶は社会的に構築される概念であることである。まずアルヴァックスが注目したのは、人々が通常記憶を獲得するのは社会においてだということである。また人々が記憶を思い起こしたり、再組織化したり、ローカル化するのも社会においてである。アルヴァックスは言う。人が所属する集団が、記憶を再構築する手段を与え、人はそのような記憶に目を向け、一時的にせよ記憶の思考流儀を採用するのである。それではそのような集団とは何かと言えば、社会的な諸階級、家族、企業、団体、軍隊、労働組合といった社会的な集団である。それらの集団は、多くの場合、そのメンバーによって長く構築されてきた独特の集合的な記憶を持っている。むろんアルヴァックスの考えでは、記憶するのはあくまでも個人であるが、個人の記憶はその人が所属する集団が保持する記憶に影響を受け、個人はそのコンテクストを利用して、記憶をしたり、過去を再構築するのである*5。

集合的記憶という概念は、その後の社会学者、歴史家に多大な影響を与えたが、同時に概念それ自体もアルヴァックスの意図とは必ずしも一致しないような形で発展したように思える。集合的記憶の定義には、たとえば次のようなものがある。「集合的記憶は、集団によって決定され、かたちづくられた過去の回想から成り立っている。その結果、定義上、集合的記憶は、共有、議論、交渉、さらにしばしば異議申し立てといった行動を前提としている」。これは、バービー・ゼリザーの定義である。アメリカ社会におけるパールハーバーの集合的記憶もそうであるが、集合的記憶はもとより共有されなければそうとは言えないが、そうなる過程、あるいはそうなってからも、常に議論や交渉、さらには異議申し立てが伴うのである。定義はさらにこう続いている。「記憶するということ(remembering)は、ある種の幅を持ったほかの活動と関係を持つようになる。そのような活動は、思い出す(recall)という単純な行為に大いに関係があるが、それと同じくらい、アイデンティティ形成、権力と権威、文化的規範、社会的相互作用と大いに関係がある」と。これだけでも集合的記憶が、社会学、文化学、政治学の領域の主要なテーマと関連していることが分かるだろう。社会あるいは集団の一員として、人は記憶することにより、その社会集団にアイデンティファイしたり、逆に反発したりするのだろう。それはその社会や集団における権力と権威、あるいは文化的規範を受容したり、それを拒否するということにつながる。個人が記憶するという行為も、そのような社会的相互作用を伴っているのである。「従って、記憶するということを十分に理解するには、最大限幅広く社会・文化・政治の活動として記憶を充当する必要がある」とゼリザーは言う。ここでの充当（appropriation）とは、割り当ててみるといった意味である。集合的記憶はこのようなものであるが、ゼリザーの論文から引用しながら、エミリー・S・ローゼンバーグは次の点を強調している。「記憶の研究の観点からすると、学界においてもっとも有望な議論は、歴史と記憶の区別が流動的であるということを認めてきたことである」*6と。これはローゼンバーグの著書『アメリカは忘れない』で繰り返し主張されることでもあり、現代もしくはポストモダンの時代には歴史と記憶の境界は、ますます曖昧でぼやけたものとなっている。

次には記憶という概念に関連して、こんにちではどのような用語が用いられているか、概括してみよう。この点では、滝田賢治の論文「「国民国家」アメリカにおけるベトナム戦争の公的記憶」が、アメリカ史とからめて鳥瞰図的な展望を与えてくれている。太平洋戦争を中心とした日米の記憶についての論文集に収められたこの論文では、記憶には「個人的記憶」「集合的記憶」さらには「公的記憶」の三つのレベルが存在することが紹介されている。そのうち前二者には、一次的（直接的）記憶と二次的（間接的）記憶の区分がある。最後の「公的記憶（public memory）」とは「近代の産物である国民国家に代表される政治共同体によって共有される記憶」である。それは「共同体内部の『我々意識』を高めて、政治文化を強化し国民国家の安定度を増大させる効果を持つ」と滝田は指摘する。この公的記憶は、国家内のさまざまな集団によって共有される集合的記憶とは異なり、そのような集合的記憶と重なり合って強化される場合もあれば、それらと背反して緊張関係が生じる場合もある。また滝田は、公的記憶や集合的記憶の多くが、支配層やエリートのシンボル操作によってその形成において影響を受けるとも指摘している*7。

公的記憶といった場合には、それを形成する主体はまずは国民国家であると考えられる*8。しかし、どのように集合的記憶と公的記憶の間を線引きするのか、そもそもそういったことが可能なのかという問題がある。『アメリカは忘れない』では、公的記憶という概念はあまり用いられていない。同書では、記憶が公的な記念といった形を通してかたちづくられることは十分意識し、記憶が公的な特質をもつ場合を考慮してはいる。しかし、パールハーバーが多様な意味を孕んでいることを明らかにするという著者の意図からすれば、公的記憶がほとんど表に出ないことも不思議ではない。ちなみにアルヴァックスは社会的記憶といった概念は提起したが、公的記憶は提起していない。

しかし、公的記憶はアメリカの社会史と戦争の関わりを考える場合には、示唆に富んでいる。滝田の指摘によれば、アメリカの戦争で公的記憶が確立しているのは、独立革命戦争、南北戦争、第二次世界大戦とその一部の太平洋戦争だけである。独立革命戦争には独立と自由な政治空間の創出の記憶、南北戦争には国民国家アメリカの統一の実現の記憶、第二次世界大戦には民主主義の防衛（あるいは正義）のための戦争といった記憶が付随している。一方で、第一次世界大戦、ベトナム戦争といった戦争は、いまだに公的記憶を持ち得ていないという＊9。第一次世界大戦について言えば、参戦過程において積極的な参戦を促すグループ、慎重に参戦へと向かったグループ、さらに多くはないが反戦派の分裂があったが、ウッドロー・ウィルソン大統領は慎重派であり、ドイツの無制限潜水艦作戦再開により満を持して、「世界を民主主義のために安全にする」という目的を掲げて参戦した。その意味では正義の戦争だったが、戦後、ヴェルサイユ条約の批准をアメリカ議会は拒否し、ウィルソンの唱えた国際連盟にアメリカは参加することがなかった。後に続いた共和党政権も公的記憶の形成を妨げたと言えるだろう。ただ、もっとも大きかったのは、第二次世界大戦の勃発であったろう。次の大戦を防げなかったことで、第一次大戦への参戦が必要だったのか疑問に付されるようになったのである。ベトナム戦争もアメリカ軍人の中にはアメリカは負けなかったという考えもある。その意味でも、記憶の共有という点から考えれば、国民国家アメリカの公的記憶として第一次大戦とベトナム戦争が含まれず、それ以外の三つの戦争が挙げられることはある程度首肯できるものである。むろん公的記憶は変容し続けるものであるので、アメリカの戦争の記憶が今後、どのように変化し、公的な特質を帯びるようになるか否かは定かではない（一方、太平洋戦争に関する日本人の公的記憶は確立しておらず、個々の集合的記憶が競合している状態と言えるだろう）＊10。

もう一つ記憶の研究で無視できない用語は、「ヴァナキュラー（vernacular）な記憶」（その土地・地方に固有の記憶）である。岩崎稔によれば、「ヴァナキュラーな記憶」は『個人的な記憶』と『公的な記憶』の間の領域を占め、しかもその両者をともに規定しつつ規定されるようなもの」としての領分を持つものである。これは政治家が必ずしも思い通りに操作できるものでなく、一方で「個々人が私秘的な固有性と思いこんでいるものにまで浸透し、それにいつのまにか取りついてしまうような力を備えている」という。岩崎によれば、ローゼンバーグは、「パールハーバーという主題をめぐって、この一筋縄でいかない『ヴァナキュラーな記憶』の領域を、縦横に探索」したのであった*11。

ところで、このような記憶、とくに歴史的記憶は、歴史とどう異なるのであろうか。実は歴史と記憶の境界は、アルヴァックスも関心を寄せていた問題である。アルヴァックスは「集合的記憶が歴史と混同されるものではないことは明らかである」と述べて、集合的記憶と歴史の区別を主張し、この記憶と歴史を結びつけた歴史的記憶という用語にも疑問を呈している。アルヴァックスは言う。「歴史とはもちろん、人間の記憶の中で最も重大な位置を占めてきた事実の集合である」。しかし、彼はこうも指摘する。「一般に歴史というのは、伝統が終わる地点からしか、つまり社会的記憶が消失するか分解する時点からしか、始まらない」と。というのも「思い出が存続する限りは、それを書くことによって固定することも、純粋にまた単純に固定することとも必要ない」からである*12。

アルヴァックスは二つの点で、集合的記憶が歴史と区別されるという。まず集合的記憶は、「過去から、その記憶の中で、今なお生きているものしか、あるいは、その記憶を保っている集団の意識の中で生きることのできるものしか保持していない」として、集合的記憶が定義上、「集団の限界を超えることはない」と強調する。そして一つの時代から次の時代への移行は、同一集団が過去の一部を忘れるのではなくて、同一でない別の二つの集団が継起する形で行われる。一方、歴史は「集団の外や集団の上に位置しており、事実の流れの中に、ためらうことなく単純な区分を導入し、その区分の位置は決定的に固定されてしまう」という。さらに彼はこうも言っている。

歴史は、特に差異や対立に関心を持つので、そうした差異や対立が可視的となるように、集合の中で分散している諸特徴を、個人的な形態へと集中させ、移行させるのと同様に、実際にはもっと長い期間かかって成し遂げられた変形を数年の期間へと移行させ、集中させる*13。

一方で、集合的記憶の連続的発展の中には、「歴史の中に見られるような截然とした区分線は存在せず、ただ不規則でぼんやりとした限界があるだけである」という。このような考えには、むろんアルヴァックス自身の歴史に対する見方が反映しているが、記憶が可変的なものであり、思い出を保つ集団が消滅することによって、昔の出来事や人物が忘れ去られることも記憶の世界では普通にあるのである*14。

もう一つ集合的記憶と歴史が異なる点は、「集合的記憶はたくさんある」ということである。これに対して、アルヴァックスは「歴史は一つであって、一つの歴史しかないといえる」という立場を取る。ここにもアルヴァックス自身の歴史に対する見方が反映している。アルヴァックスは、集合的記憶は「空間においても時間においても有限な集団に支えられている」という。「過去の出来事の全体を唯一つの場面に描くように蒐集すること〔筆者注、歴史の作業と言えるだろう〕」は、過去の出来事をそのような「思い出を保っている集団の記憶から切り離し、それらの出来事が、それが生じた社会的環境の心理的生活と結びついている絆を断ち切り、その年代史的・空間的図式だけを保持することによってはじめて可能なのである」とアルヴァックスはいう。むろん、このような考え方に対しては、こんにちの歴史家には異論もあるだろう。しかし、アルヴァックスがこれだけ歴史と集合的記憶の区分を明確に考えていたことは注目されてしかるべきと思われる*15。

社会学者であるアルヴァックスが考えた歴史と集合的記憶の区分は、こんにちではあまり明確であるとは言えない。歴史学、あるいは歴史家が、記憶を分析や記述の対象とし、記憶の分析（あるいは記憶の歴史の分析）を始めてから、歴史と記憶はしばしば混同して用いられるようになったと言える。たとえば、ある特定の集団の歴史観は、そのままその集団の集合的な歴史的記憶と言ってもよさそうである。また、国家を代表とする公的な主体の歴史認識は、しばしば公的記憶ないし集合的記憶に支えられているが、歴史認識と記憶の区分も曖昧なことがある（そのような記憶による支えが得られない歴史認識が存在する場合もある）。ただ、歴史から教訓を導き出す（歴史的教訓）という言い方はあっても、記憶から教訓を導き出すという言い方は通常しない。教訓というある程度の普遍性を備えた考え方を導き出すには、個別の時代と空間に規定された集団の集合的記憶はなじまないと言えるであろう。それは「普遍的記憶というものは存在しない」というアルヴァックスの指摘とも、整合性を有していると言えるだろう＊16。

もっとも歴史にも、同じような限界はある。アーネスト・メイが言うように、歴史には政策決定者による誤用の危険性が常に伴う。メイは『歴史の教訓』のなかで「外交政策の形成者は、歴史が教えたり予告したりしていると自ら信じているものの影響をよく受ける」という命題を立証したが、この個人の主観のなかでの歴史は、ある意味で記憶と置き換えてもよさそうである。また「政治家は一般に、過去は繰り返すものだと期待しているため、よく予測を誤ってしまう」ということも、歴史というよりも記憶の作用故と言ってよいかもしれない＊17。

また、政策決定者は政策選好に際して、記憶の改変を行なうこともある。国際政治における認識と誤認の問題を明らかにしたロバート・ジャーヴィスは、そのような例として、第一次世界大戦前にフランスの軍事思想家が、戦史を歪曲して捉え、普仏（独仏）戦争の敗因がフランスの防御姿勢にあったと記憶を都合よく変えて、攻勢第一主義を推奨していたことを指摘している＊18。

いずれにしろ現代においては、ローゼンバーグがしばしば強調しているように、歴史と記憶の区分は曖昧になるばかりである。彼女は『アメリカは忘れない』の「はじめに」で、こう述べている。「私はまず、「記憶」と「歴史」の区別は、時、場所、研究課題に非常に左右されるということ、また二〇世紀後半のアメリカ文化に関係するこの研究においては、その区別はほとんど重要でないことを確信するようになった」と。さらに彼女はこう続けている。「私の著述と思考においては、記憶と歴史の二つの語句は、ほとんどいつも相互に交換可能であると思われる」と。ただそのような結論に至るには、後に取り上げる「回想ブーム」の文化において「人気商品であったパールハーバーの表象」が、「世紀転換期のアメリカ人の生活において、歴史／記憶／メディアの境界が曖昧になったことを例証していた」という事実があったことも留意しておくべきだろう*19。

様々なメディアを通して歴史／記憶が流布する現代にあって、ローゼンバーグは歴史／記憶についてこう述べている。

歴史に対する新たな関心の大部分が、教育機関の外側へと移っていったため、歴史／記憶の流布は、さまざまな職業やメディアの境界を越えて交錯した。そのため、専門的なものと通俗的なもの、歴史的なものとノスタルジアに属するもの、「高級」文化と「低級」文化といったもの、それらの間にあった古い区別は曖昧になった*20。

さらに彼女はこうも言っている。「回想ブームのひとつの皮肉は、それがアカデミックな歴史家の役割を向上させることに失敗したことである。実際、アメリカ人が過去に興味をもてばもつほど、アカデミックな歴史はその地位とその読者の多くを失ったように思える」と*21。これはアメリカだけのことと言えるだろうか。

国民を統合する記憶としてのパールハーバー

『アメリカは忘れない』では、日本海軍の真珠湾攻撃により、急速にパールハーバーが公的記憶となった過程が描かれている。興味深いのは、まずはパールハーバーの記憶が、それ以前のある種の公的記憶と連動してかたちづくられたことである。それらの記憶（あるいは物語）とは、カスター中佐の最後の抵抗とアラモの攻囲戦である。両事件の共通点は、非文明的な相手（前者では北米の先住民、後者ではメキシコ人）による攻撃、手ひどい敗北（ここまでは攻撃直後のパールハーバーと同じである）、その後の圧倒的な対抗策の実施と最終的な勝利である。フランクリン・D・ローズヴェルト大統領（以下、FDRとも表記する）は、その開戦演説で巧みにこれらの事件を想起させようとしたとローゼンバーグは指摘する。たとえば、演説の草稿の冒頭にあった「世界の歴史においていつまでも記憶されるであろう日付（A date which will live in world history）」という語句の「世界の歴史（world history）」は、推敲段階でFDRの手で「恥知らずな蛮行（infamy）」に書き替えられた（infamyの訳については、本章で後述）。確かに、「世界の歴史」よりも、「恥知らずな蛮行で、いつまでも記憶されるであろう日付」の方が、感情に訴えかける力を持っているし、何よりも最後の抵抗とアラモを想起させる。ローゼンバーグが分析したように、この演説でFDRは、アメリカの安全保障上の利害や失われた人命や装備には詳しく触れていない。国益なども強調してはいない。もっと単純でナショナリスティックで国民への訴求力のある表現を選んだのである。一方でFDRは「日本の攻撃の特質」は忘れないだろうと強調し、非文明的な相手との戦いであることを十分意識させた。つまり、FDRはその演説で「『恥知らずな蛮行』と『背信行為』と『挑発もしないのに仕掛けてきた卑劣な攻撃』に対して復讐することを、アメリカ国民に要請した」のであり、FDRが国民に求めたのは、「敵国と戦うことだけではなく、奇襲による戦争を準備する一方で欺瞞に満ちた平和交渉をする、不実な国民と戦うことであった」というのである*22。

このことが示唆しているのは、安全保障上の重要なメッセージを国民に伝えるのに、必ずしも安全保障などという硬い言葉を用いる必要はないということである。さらにローゼンバーグが言うように、FDRは「国益を守るためとか、中国における日本の帝国主義的な野望を阻止するためとか、死活的な資源を守るためとか、日本の残虐行為の敵討ちをするためとか、独裁者の三国同盟による侵略に対して断固として立ち上がるためといった理由で、アメリカ国民に開戦を求めはしなかった。彼はアメリカ国民に、民主主義や文明を救うよう求めはしなかった」のである。FDRは、これらの歴史家や戦略家が好む開戦理由には飛びつかず、むしろ強調点を最後の抵抗とアラモの記憶を喚起させることにおいた。それだけで十分と考えたのであろう。というのも、記憶の研究で確認されているように、「人びとはすでにおなじみのパターンや物語構成に適合するようなやり方で出来事を記憶する」からである。ローゼンバーグはこう書いている。「カスター／アラモ／パールハーバーの物語は、単純でナショナリスティックであった。つまり、アメリカ人には手を出すな、手を出せば当然、アメリカ人はお前らを滅ぼすために立ち上がるだろう」と。それは正義に裏付けられた復讐のための動員や銃後での結束を訴えるものであった＊23。ＦＤＲはある意味で、記憶を巧みに利用する術を心得ていた記憶の政治家と言えるかもしれない。

こうして考えると九・一一後のジョージ・Ｗ・ブッシュ大統領の演説の特質も見えてくる。ブッシュの演説はしばしば理知的でないとか、西部劇的な善悪の二元論で感情的要素に訴えかけているとか、宗教的であるとか批判されてきたが、知的階層から見ればそうであるとしても、アメリカ国民の多くの記憶をかたちづくり、定着させるには、そのような演説の方が効果的であったといえるかもしれないのである。

戦時中、パールハーバーの記憶は、日本の恥知らずな蛮行と背信行為、それに対する国民の結束を訴えかけるものとなったが、同時に他の意味も孕んでいた。一つは、アメリカが「眠っていた」ということである。「眠り」の比喩は、ＦＤＲの政敵であった共和党の孤立主義者に対する攻撃でもあったが、パールハーバーに対する攻撃によって無垢なアメリカ人が目覚めたことも示していた。ローゼンバーグはこう書いている。「戦争の大部分の期間、この眠たげであったアメリカというイメージは、世間の注目を集めていた。アメリカは、未熟で、無知で、弱々しい（女性化された）孤立主義者と平和主義者によって誤った方向に導かれていたが、恥知らずな蛮行によって軍事的な男らしさに目覚めた」のであると＊24。パールハーバーは軍事的な男性的エートスも強化したのである。

ローゼンバーグが指摘するように、ＦＤＲの演説でさらに興味深いことは、視覚的要素でなく、「恥知らずな蛮行」とか「背信行為」といったＦＤＲの参戦教書の言葉が、パールハーバーのイメージをかたちづくる準拠枠を提供したことである。一方で、パールハーバーという語は演説のどこにも使われていない。有名になった「パールハーバーを忘れるな！」というスローガンは、アラモの場合の「アラモを忘れるな！」というスローガンや、アメリカ・スペイン戦争（米西戦争）の際に用いられた「メイン号を忘れるな！」というスローガンに対応していたが、ＦＤＲとその政権からではなく、新聞雑誌の見出しから普及したものだった*25。

このことが示すように、当時も、そして今では一層そうであるが、歴史的記憶はメディアと分かちがたく結びついている。アメリカではとくにそうであり、ローゼンバーグが言うように「アメリカにおいて多様な記憶を収集し広める母体を提供しているのはメディアであり、メディアは種々の方法で記憶をかたちづくり、そのうちのいくつかを消えずに残し、一方でその他を葬り去る」のである。たとえば、個人の生きた記憶であっても、そのまま歴史になるのではなく、「メディアを介して操作された形態で記憶されなければならない」のである*26。

一方、このことは、アメリカのようにメディアの政府からの独立がある程度保障されている社会においては、政府の思うように記憶がかたちづくられない可能性があることを示している。ただ、アメリカ政府は、むろん手をこまねいていた訳ではなく、戦時文化を慎重に統制した。「プロパガンダ機関、検閲、自己検閲によって、戦争行為と戦争目的の視覚と著述による表象がかたちづくられた」のであり、さらに「今日、第二次世界大戦の公的記憶は、個人的に記憶された過去よりも、背後に残されてきたこれらの高度に操作されたイメージのなかにある」とさえローゼンバーグは言っている。戦時の文化統制は、その後の公的記憶に多大な影響を与えたのである＊27。

少し長くなるがローゼンバーグのまとめを引用しよう。

戦時中、「パールハーバーを忘れるな」のスローガンは、つぎのようなことに役立った。まず、アメリカ国民にその敵の不実な特質を思い起こさせること、大義の道徳性を強調すること、戦争に対する備えと攻撃を受けた場合の仮借なき軍事行動に対する支持を集めること、また、「眠り」と孤立主義、弱気と意見の相違に対して警告を発することである。この恥知らずな蛮行という準拠枠は、国益という点からよりも国民的特質という観点から、この戦争の大義と正当性の根拠を表わした。それは、太平洋戦争のストーリーを、地理的・政治的要因にではなく、非常に個人的で宗教的な色合いをもつ天罰という言葉に定着させた＊28。

しかし、戦後、パールハーバーの記憶は異なる意味を帯びるようになる。次には戦後、パールハーバーの記憶がアメリカの冷戦戦略といった安全保障戦略の形成に際してどのようなレトリックの供給源となったかを考察する。

アメリカの冷戦戦略とパールハーバーの記憶

戦時中の比喩で戦後も形を変えて力をもったのは、「眠り」の比喩であった。これは戦後になって、「警戒」の比喩へと転換する。日本に対する復讐のためのスローガンであった「パールハーバーを忘れるな!」は、今度は第二、第三のパールハーバーを許してはならないという「アメリカを油断させるな」という意味を帯びるようになった。具体的には、軍の大規模な編成、すなわち軍拡を容認し、冷戦期の封じ込め政策を支持するレトリックを提供することになったのである*29。

周知のようにアメリカは伝統的に常備軍、とくに陸軍の常備軍の拡大に懐疑的あるいは消極的な国であった。これには新世界の大陸国家で、建国以来、陸からの攻撃に備える必要性が乏しかったという歴史的・地理的な要因が大きい。一八一二年戦争やアメリカ・メキシコ戦争(米墨戦争)を除けば、アメリカ本土もしくはアメリカの辺境での大規模な対外戦争はなかった。また孤立主義の伝統が常備軍の拡大を抑えてきたとも言える。太平洋戦争後には、当然、孤立主義への揺り戻しの可能性もあったが、そこに新たな脅威として登場したのが共産主義であった。共産主義の脅威に対抗するために、軍が持ち出したのがパールハーバーであった。たとえば発足間もない統合参謀本部は、アメリカの戦後の安全保障は『パールハーバーの経験さえも上回るような突然の危険』を避けるための、地球規模の軍の展開能力にかかっていると主張した」*30。ジョン・ルイス・ギャディスが言っているように「パールハーバーは『アメリカ帝国にとって後のことを決定する出来事』であった」*31。というのも、パールハーバーは「国家安全保障に幅広く地球規模で対処することを正当化する根拠を与えた」からである*32。

極端かもしれないが、マイケル・シェリーが書いているように、パールハーバーによって「核抑止、地球規模の介入、平時の徴兵、そして……戦争に対する備えを正当化することができた」とさえ言われているのである＊33。

このようにパールハーバーの記憶は、アメリカ軍が冷戦戦略を推し進めるためのレトリックを提供するという重要な役割を担ったが、パールハーバーの記憶の恩恵を受けたのは軍部だけでなく、戦後に縮小の危機に直面した情報機関もそうだった。もし、戦前にアメリカがＯＳＳやその後身のＣＩＡのような情報機関を持っていたら、真珠湾攻撃は避け得たであろうというレトリックで、情報機関の存続が図られたのである＊34。

また、パールハーバーは、情報利用の問題に対しても示唆に富む教訓を提供したと言われている。なかでもロバータ・ウォルステッターの著作『パールハーバー――警告と決定』は「日本の攻撃直前のアメリカの政策決定に関するもっとも影響力のある研究のひとつになった」と言われており、まさに邦訳旧版『パールハーバー――トップは情報洪水の中でいかに決断すべきか』の副題が示しているようにあまりにも多くの情報により混乱とノイズが生じ、攻撃の兆候が見落とされたことを指摘している＊35。

ローゼンバーグのまとめを引用すれば、「戦後、『パールハーバー』という用語は、効果的諜報能力の構築、進行中の軍備増強の持続、男性的なエートスの維持といったことを支持するレトリックの供給源として機能した」のである＊36。

価値ある同盟国としての日本と経済的パールハーバー

戦後の占領期を経て、日本は一九五二年にサンフランシスコ平和条約の発効により国際社会に復帰するとともに、同時に発効した日米安全保障条約によってアメリカの同盟国となった。その頃までには、日本に対する認識は、少なくともアカデミックな領域では変わり始めていた。戦中の野蛮で不実な国民という比喩は消え、パールハーバーはアメリカ外交の失敗として認識されるようになった。変化はアカデミズムだけではなかった。大衆向けの記事などでも日本に対する同情的な意見が表われるようになった*37。

連合国によると言っても、実質的にはアメリカによるほぼ単独の占領を経て、野蛮で不実な日本は価値ある同盟国として描かれるようになった。ローゼンバーグは書いている。

一九五〇年代初め、反共主義者の恐怖がアメリカ文化を瞬く間に覆ったとき、日本はむしろ容易にアメリカの友邦として見直された。その賞賛すべき技術、勤勉さ、義務と調和の感覚は、適切な方向に導けば西洋の美徳を補いうる、と。新聞雑誌、映画、著作において語られた歴史の多くが、戦時中のイメージを逆転させ、敵から同盟国への転換を肯定的な用語で表現した*38。

ローゼンバーグが指摘するように、「日米両国で古典的作品」となった映画『トラ！ トラ！

トラ！』〔邦題『トラトラトラ！』〕（一九七〇年）は、その典型的な例であり、連合艦隊司令長官山本五十六は対米開戦に消極的で（実際にそうであったが）、「先見の明をもつ名誉ある人物」として描かれ、「攻撃を注意深く計画して実行したことは、日本の計画立案者と戦士たちの献身と技に対する尊敬をかき立てた」とまでローゼンバーグは言っている。いずれにしろこの映画で日本は、「価値ある同盟国として描かれた」のであり、映画はまさに「日米両国の協力関係の絶頂期」を示していた＊39。攻撃からおよそ三十年後に、パールハーバーは日本との同盟関係を強める比喩にさえなったのである。

実際に真珠湾攻撃に関わった人物で、戦後の日米関係に関わることになった人物もいた。たとえば、真珠湾攻撃を実施した海軍の機動部隊司令部の参謀（第一航空戦隊参謀）を務めた源田実中佐である。真珠湾攻撃の前日まで源田中佐は攻撃を反復して徹底的にアメリカを叩くことを主張したが、南雲忠一司令長官にはその気がなかった。ただ、ゴードン・W・プランゲによれば、戦後、アメリカの権威者の多くは、日本艦隊がすぐに「引揚げたのは戦略的に誤りであったと見ている」ともいう。つまり源田の進言は正しかったというのである。その源田中佐は、戦後、防衛庁に入り、一九五九年の夏には航空自衛隊幕僚監部幕僚長として訪米した。「源田調査団」とも呼ばれたこの調査団は、アメリカで次期戦闘機種の選定に当たった＊40。攻撃の十八年後に米国製戦闘機の購入調査のためアメリカに赴くことになるとは、源田自身も思っていなかっただろうし、アメリカ側もそうであろう。また、源田の海軍兵学校同期で、航空艦隊飛行隊長で第一次攻撃を指揮し「トラ　トラ　トラ」を打電した淵田美津雄中佐は、良く知られていることであるが、戦後、キリスト教徒となりアメリカでも伝道を実施した。

記憶は一朝一夕に変わるものではないにしろ、世代を経て変化を続ける。この映画『トラ！トラ！トラ！』がアメリカ人の記憶にどのような影響を与えたかについては、はっきりしたことは言えない。ローゼンバーグ自身、ヨーロッパにおけるプロパガンダ映画の研究を引用して、文化を変容させようと試みた映画が観客を惹きつけるのに失敗したことを述べている。「映画は確立された価値や思考様式を強化し、観客のさまざまな種類の反応を促進する潜在的な力という点では深刻に受けとめられなければならない」が、同時に「歴史／記憶の物語を説いている映画は、制作者のイデオロギーを観客の心に単純に植えつける『魔法の弾丸』ではないということである*41。この点からすると、観客の既存の価値観を強化するのに映画は有効であっても、それを変容させることはめったにないということになる。

映画『トラ！トラ！トラ！』について一言付け加えるとすれば、この映画では一切「ハル・ノート」に触れていない。意図的にシナリオに加えられなかったのかもしれないが、あるいはこの頃には「ハル・ノート」については専門家以外にはあまり知られていなかったという事情も作用したかもしれない。

価値ある同盟国という価値転換がどの程度定着したかは定かではないが、一方でパールハーバーが有する日本に対する既存の否定的な価値観を強化するという意味では、一九八〇年代の日米経済摩擦は、よりスムーズにアメリカ国民に受け入れられたと言えるだろう。一九八五年、『ニューヨーク・タイムズ・マガジン』誌に掲載された「日本からの危険」という記事は、その点で象徴的だった。著者はミズーリ号で日本の降伏文書調印を見守ったことのあるベテランジャーナリストのシオドア・ホワイトである。ホワイトは問いかける。「第二次世界大戦の真の勝者は日本だったのではないか」と*42。この記事以降、いわゆる日本脅威論、日本異質論が日米両国の論壇を賑わすようになった。その際に用いられたスローガンの一つが、「経済的パールハーバー」である。むろん経済摩擦を引き起こした、日本からのアメリカへの輸出や投資は「奇襲攻撃」ではなかったが、まさに日本の脅威を表わす言葉として、この頃これほど受け入れやすく、アメリカ国民の記憶を喚起する言葉は他になかったと言えるだろう。パールハーバーの記憶は、多様な意味を孕んで変容し続けたのである*43。

コメモレーションの場としてのパールハーバー

祖国のために国民が命を犠牲にするということは、ある種、近代的な行為である。近代国家が形成され、職業軍人だけでなく志願制・徴兵制によって一般国民が戦地に赴くようになってから、祖国のために犠牲になるということは一般化した。志願や徴兵により国民を兵士とし、戦闘に従事させ、戦闘の犠牲者を手厚く追悼したり、従軍した兵士を記念・顕彰することは、一つのサイクルとして国民国家の仕事となった。このサイクルの一部である犠牲者の追悼・顕彰、あるいは兵士の記念・顕彰が欠けたら、国民国家のために戦う国民兵を徴募することも困難となるだろう。国民から無駄死にとされ、しかるべき尊敬も与えられないとしたら、経済的動機を別にすれば、誰が戦場に赴くだろうか。その意味で、戦死者・帰還兵のコメモレーション（記念。顕彰行為や追悼の意味も時には含む）は、国家安全保障において重要な役割を担っている。

戦後数十年を経てパールハーバーは、「もっとも偉大な世代」と呼ばれる第二次世界大戦世代の戦死者・帰還兵を記念・顕彰するための、いわば記憶の場として機能するようになった。なかでもアリゾナ記念館は異彩を放っている。というのは、そこは記念の場であるだけでなく、実際の埋葬地でもあったからである*44。パールハーバーを同時代に、ラジオの放送、あるいは新聞雑誌の報道を通して体験した世代は、この「聖地」を訪れることにより、その記憶を強化し、パールハーバーを直接体験していないより若い世代の人々も、二次的な記憶としてそれを体験することになる。記念の場というのは、そのような意味で極めて重要なのである。ローゼンバーグはこう書いている。

記念によって、記憶は何かを実行するという要素をもつことになる。記念は、社会的儀式と共通の経験を提供し、それらはおそらく参加者をひとつに結びつけ、意味、不変性、健全性を回復させるのである。記念の場と儀式は、苦難に耐えた犠牲者の名誉を称える。それらは、何かの喪失に意味を分け与えるような説明的な物語を定着させることによって、感情の向けられる対象の置き換えを楽にする。それらは、英雄たちを記念したり、将来世代のために教訓となるような話を定着させることによって、希望と目的を与える。第二次世界大戦の太平洋戦域に関しては、アリゾナ記念館が徐々にアメリカ人の中心的な記念の場となった*45。

この点で一つ注目すべきことは、アリゾナ記念館は宗教的施設ではむろんないが、追悼のための聖地として、否が応でも宗教的特質を帯びていることである。ローゼンバーグはこう指摘している。

後に勝利がやってくる敗北を記念することにより、この記念館は、悲劇／勝利（パールハーバーとして再度書きなおされた、アラモとカスターのストーリー）、宗教的な犠牲と復活、死と再生という自然の季節の隠喩といった、おなじみの物語構成の枠内での贖罪のメッセージを表明した。記念行為は、神聖な主題と愛国的な主題とをひとつに混ぜ合わせたのである*46。

ここでは宗教的メッセージ、とくに「犠牲と復活」「贖罪」といったキリスト教的なメッセージがこめられていると述べられている。つまりパールハーバーで犠牲の死を遂げることにより、戦死者は人々の罪を贖い、神による最終的な救い、すなわち勝利をもたらしたというのであろう*47。

アリゾナ記念館は戦後すぐに記念の場、記憶の聖地として機能したのではなかった。しかし、注目を集めるに従って、その展示内容や、訪問者センターで上映される映画の内容は論争の的になった。ベトナムへのアメリカの介入継続を支持する立場の人々は、ベトナム戦争の影響下でこの記念館とパールハーバーの記憶を、ベトナムへの介入の正当化に利用した。一方で、記念館の紹介映画の内容に対しては、愛国心に欠けて日本びいき過ぎるとか、逆にナショナリスティック過ぎるといった相矛盾する批判が寄せられた。この記念館の映画や展示内容に関しては、様々な特定のグループの集合的記憶が競合したのである。ただ、記念館自体に対する注目は年々低下する傾向にあった。記念館が再び大きな注目を集めるようになったのは、一九九〇年代である*48。

競合する記憶と記憶の政治力学

一九九〇年代のパールハーバーの復活を促したのは、一つは第二次世界大戦世代の高齢化であり、それとともにアメリカ文化に現れた回想《メモリー》ブームである。一九七〇年代頃から始まったこのブームは、八〇年代を経て、九〇年代により顕著となる。老年になった「もっとも偉大な世代」の人々は、自分たちをアメリカの記憶／歴史に留めたいと考えるようになった。同時に、彼らに反発していたその子供の世代であるベトナム世代のベビーブーマーたちも、歳を重ねるにつれて、「自分たちの両親の栄誉を称え、彼らを記念し、もっと栄光に満ちていて、あまり曖昧でない時代を再発見したいと熱望しているようだった」という*49。このような回想への回帰現象を、ローゼンバーグは「アイデンティティ・ディレンマ」という独自の用語で説明した。「アイデンティティの構築に懸念をもてばもつほど、それが足りないように思える」のではないかというのである*50。

いずれにしろこのような現象が示唆しているのは、記憶には可変性があるものの、ある種の世代の記憶は消えずに残り、通常、時間の経過とともに薄れるように見えても、実際にはより研ぎ澄まされて突如としてスポットライトを浴びて蘇ることがあるということである。この忘れ去られたと思われていた記憶が再起するということは、「記憶の活動家」の行動と相俟って、記憶の性質として留意する必要がある。

もう一つのパールハーバーの復活を促した要因は、一九九一年の攻撃五十周年記念日であった。この記念日は、日米の「和解」のシンボルとして利用される可能性もあったが、結局そうならなかったという。全米パールハーバー生存者協会（ＰＨＳＡ）会長のジェラルド・Ａ・グロービッツがいみじくも語ったように「五〇年前にわれわれは日本人を招待したのではないのだし、いまでも彼らを望まない」ということだった*51。しかし、記念日は「和解」を促す端緒にはなったし、何よりも特徴的であったことは、記念日が日本側が懸念していたような日本叩きには繋がらず、むしろ国内問題としての意味をもったことである。小規模な日米間の謝罪論争（真珠湾攻撃の謝罪と広島・長崎の謝罪をめぐる論争上の小競り合い）は「記憶をめぐる摩擦」として引き起こされたが、パールハーバーはアメリカ国内では、ますます国内問題を象徴するようになっていた。

そのようなパールハーバーをめぐるアメリカ国内の様々な集合的記憶のなかで、根強い影響力を持つものを挙げるとしたら、まずはローズヴェルトの裏口参戦陰謀論が挙げられるだろう。すなわちローズヴェルトは日本軍によるパールハーバーへの攻撃を察知していたにもかかわらず、イギリスを助けて第二次世界大戦に参戦する口実を求めて、意図的にパールハーバーの陸海軍の司令官たちに日本の攻撃を強く警告しなかったというものである。むろん、裏口参戦陰謀論は、アカデミズムでは明白に否定されている。アメリカの学界でパールハーバーの研究として認められているのは、先に紹介したウォルステッターやゴードン・プランゲの著作である。しかし、大衆の記憶のレベルでは様相は異なる。ローズヴェルトを嫌っていた共和党右派や民主党政権を批判する人々は、積極的に裏口参戦陰謀論を広めたし、人種主義的ナショナリストも、敵である日本でなく自らの側の誤りを強調することにより人種主義的優越感を保持しようとし、この説を支持したという*[52]。裏口参戦陰謀論は、ロバート・B・スティネットの『欺瞞の日』(二〇〇〇年、邦訳『真珠湾の真実』二〇〇一年)でも繰り返された*[53]。興味深いことは、裏口参戦陰謀論が、日本において太平洋戦争の原因をローズヴェルトの挑発によるとする史観とも結びつき、日米双方で陰謀論を共有する一種奇妙な野合が見られることである*[54]。

さらに裏口参戦陰謀論と相俟って、当時の現地の司令官キンメル海軍大将とショート陸軍中将の名誉回復も、一つの運動として八〇年代半ば過ぎから盛り上がりを見せた*[55]。その中心となったのは、元司令官の家族レベルの集合的記憶である。これは見方を変えれば、ワシントン政府と現地の司令官、どちらに責任があるのかという問題を提起したとも言える。

パールハーバーを巡る、これと類似した問題は日本にもある。それは「開戦」通告の遅れの問題である。すなわち通告の遅れの責任は、現地の大使館にあるのか、東京の外務省本省にあるのかという問題である。長いことその原因は、現地の在米大使館の「怠慢」にあるといった通説が流布して、一種の集合的（ある意味では公的）記憶をなしてきた。高校生向けの日本史の教科書には、二〇一四年でもこのような記述が本文の注に存在する。

アメリカに対する事実上の宣戦布告である交渉打ち切り通告は、在米日本大使館の不手際もあり、真珠湾攻撃開始後にずれ込んだ。その結果、アメリカの世論は「リメンバー・パールハーバー」（真珠湾を忘れるな）との標語のもとに一致し、日本に対する激しい敵愾心に火がついた形となった＊56。

この記述には三つ問題があると思われる。一つは、「在米日本大使館の不手際もあり」としているが、歴史研究の蓄積により、本省側の瑕疵もクローズアップされるようになったことである。そのような歴史研究の中心的な役割を担ったのは、当時大使館に勤めていた井口貞夫参事官の子息井口武夫である＊57。パールハーバーを巡り、アメリカではどちらかと言えば政治的な運動といった性格を持つ名誉回復運動がなされているのに対して、日本側ではアカデミックな歴史的探究によって「通説」への挑戦がなされたのである。

井口武夫やその後の研究者の主張を要約すれば、外務省本省は対米通告文を十四部に分けて駐米大使館に発信したが、肝心かなめの結論部分を含む第十四部は本省で留め置かれ、当初予定よりも十五時間も発信が遅れたのである。これは陸軍参謀本部作戦課・通信課による工作であると井口は主張する。陸軍による対英戦争の口火を切るマレー半島上陸は、真珠湾攻撃よりも先に実施された。とくに英領コタバル上陸作戦は困難が予想された。日本政府はイギリスに対して開戦通告は予定しなかったが、アメリカに対する開戦通告はすぐにイギリスに伝えられて現地の警戒心を高める。開戦通告を遅らせることは、陸軍にとっても大きなメリットがあったのである。他にも現地大使館を混乱させる誤字・脱字の訂正電報などが発せられた。結局、大使館では浄書にも手間取り、この通告がハル国務長官に手渡されたのは攻撃開始後、五十五分経ってからとなった。陸軍の工作による第十四部の発信遅れがなければ、確かに指定時刻の攻撃開始三十分前（実際は五分早く攻撃が開始されたので二十五分前）に通告文を手交できた可能性は高い。

波多野澄雄の編著で、日本外交協会が企画し出版した『日本外交の150年――幕末・維新から平成まで――』（二〇一九年）は、標準となる日本外交史であると思われるが、その中でもコラム「開戦通告問題―「騙し討ち」の本質」でこの問題を取り上げており、井口武夫らの意見を踏襲している。同書でも、本省側の瑕疵の存在に触れ、さらにこう述べている。「奇襲の成功を優先する陸海軍とそれに抵抗する外務省という構図のなかで、出先の大使館が翻弄され続けたことが問題の本質であろう」と。このような見解が専門家から一般にまで行き渡れば、先に引用した日本史教科書の記述のような、大使館に責任の過半を押し付けるような集合的な記憶も変化するであろう。実際、近年、先の教科書の記述の「在米日本大使館の不手際もあり」という部分は「先制攻撃の戦果を上げたい軍部の思惑もあり」と書き替えられた。井口武夫らの研究が反映したと思われる*58。

ただ、混ぜっ返すようで恐縮であるが、現地の大使館ではもっと臨機応変に対応して、浄書などはせずに手書き訂正のまま手渡すこともできただろう。几帳面さが災いしたようにも思われる。余談になるが筆者はこの「開戦」通告の遅れの問題について、ある外交史の大家の先生にお聞きしたことがある。その時に先生は、手書き訂正があっても気にせずに渡せばよかったのだよと仰っていた。

また、「奇襲の成功を優先する陸海軍とそれに抵抗する外務省という構図」にも疑問がある。外務省内にも軍に共感し協力する人物がいたのではないだろうか。二〇〇〇年前後と記憶するが、前述の先生とお話した時に、先生はあくまでも推測であるが、外務省本省の中堅幹部が通告を遅らせる工作をした可能性を指摘された。「海軍のためですか」と筆者が畳みかけると、「いや、陸軍の方だよ」と先生は答えられた。陸軍が圧力をかけたと言うよりも、陸軍に共感する中堅幹部がいたのかもしれない。その疑問の一端は井口武夫の著述で解けたように思う。

井口武夫は、戦後の極東国際軍事裁判（東京裁判）で開戦時の東郷重徳外相をかばうために、本省が出先機関に遅延問題の責任を転嫁したと主張する。そのために戦後に史実の隠蔽も図ろうとしたともいう。

第二の問題点は、この通告が交渉打ち切りの通告であり、国際法上から見て、最後通牒や開戦宣言の形式を具備していなかったことである。この点では、外務省案が軍部の圧力を受けて書き換えられたことが明らかになっている。教科書では「事実上の宣戦布告である交渉打ち切り通告」としているが、「事実上の宣戦布告」と言えるか、後述するようにローズヴェルト大統領自身がこの点を「騙し討ち」の証拠として挙げていることから見ても問題があると思われる。

最後の教科書記述の問題点は、まるで開戦通告の遅れが「リメンバー・パールハーバー」の憤激を生んだかのような書き方をしていることである。仮に開戦通告が通告予定時刻に間に合っていたら、アメリカ国民は憤慨しなかったのだろうか。まず、第二の問題点を考慮すると、間に合ったとしても「交渉打ち切り」でしかないので、「騙し討ち」の非難は免れ得なかったろうし、そういう意見もある＊59。ただ、その点を割り引いて、アメリカ側が「事実上の宣戦布告」と受け取り、さらに攻撃の三十分近く前に通告がなされていたとしても、宣戦布告とほぼ同時の攻撃を、アメリカ側は卑劣な奇襲と受け取り、騙し討ちの誹りを受けたのではなかろうか。確かに開戦通告の遅れは敵愾心を一層煽る効果をもったであろうが、それがなければ正々堂々と開戦したと言えただろうか。少なくともアメリカ世論をそう納得させることは難しいだろう。これにはハル覚書（ハル・ノート）の問題も関係してくる。東條内閣はハル覚書を、アメリカ側の「事実上の最後通牒とみなした」とされるが、それほど重要な覚書が発せられていたとはアメリカ国民は思っていない。だからアメリカ国民にとっては、突然、日本が奇襲を仕掛けて来たという印象が成立するのである。実際、何が日本人をそれほど怒らせたのか、よく分からないというような意見が見られるのはそのためである。

そもそも開戦通告の遅れを問題とする記憶は、日米でどのようにかたちづくられたのだろうか。宣戦布告前の攻撃は真珠湾攻撃時には国際法違反であったが、日本側でそれを大きな問題とした形跡はない。日露戦争時にも宣戦布告前にロシアを攻撃しているが、この頃はまだ国際法で違法化はされていなかった。宣戦の必要性が定められたのは一九〇七年署名の「開戦ニ関スル条約」(一九一〇年に効力を発し、日本の公布は一九一二年)からである。第一次世界大戦では最後通牒を発してその回答期限切れで対独宣戦布告をした(むろん奇襲攻撃はしていない)が、その後の満州事変や日中戦争では宣戦布告は行われていない。

開戦通告が遅れたことを最初に大きく問題として取り上げたのは、フランクリン・ローズヴェルトが連邦議会に対日宣戦布告を要請した演説(参戦教書)である。この演説では日本と交渉中であったこと、さらにオアフ島爆撃の「一時間後」に、駐米大使らが「最近のアメリカ側の伝達事項《メッセージ》に対する公式返答」を国務長官に手交したこと、しかもその返答では「現在進行する外交交渉を継続することは無意味と思われると述べてはいたが、戦争もしくは軍事攻撃の脅しや兆しは含まれていなかった」と大統領は強調した。ここで注目すべきことは、通告が遅れただけでなく、開戦通告の不備も指摘していることである。教書でFDRは、日本政府が攻撃を準備しながら、「継続的な平和を希望する欺瞞的な声明と表現によって、意図的に合衆国を欺こうとしてきた」とも非難した。

戦中に公開されたジョン・フォードとグレッグ・トーランドが監督した映画『十二月七日』(一九四三年公開)は、このような見方をさらに単純化して伝えた。この映画では、帝国海軍の航空機が各方角からイナゴのようにハワイに襲いかかろうとしているシーンの中に、来栖、野村大使がハル国務長官に日本の平和的意図を伝えようとしていたというワシントンの一シーンを挿入し、次いで「欺瞞に満ちたこの瞬間」に日本軍の二〇〇機以上の「死神の使い」が攻撃を始めようとしていたと続けた。このように「帝国の裏切り行為は進行中」だったと強調しているのである。映画の終わりには東條による「背中への一刺し」という表現も見られる。

この映画には一九四三年公開の短編版（三十四分と二十分版）とその元となったより長い版（八十二分）が存在する（長編と仮に呼ぶ）。短編の二十分版の方は、一九四四年三月にアカデミー賞の短編ドキュメンタリー部門でオスカーを受賞した。監督のフォード自身は、なぜオスカーを受賞できたのか理解できなかったという。一方、長編は五十年近く一般公開が禁止され、一九九一年になってようやく映画『十二月七日：ザ・ムーヴィー』（邦題、『真珠湾攻撃』）としてビデオ発売されるようになった。戦時中に長編の公開に反対したのは、真珠湾攻撃時の海軍作戦部長であったハロルド・R・スターク提督である。提督は長編では海軍が眠っていたという印象を与えるし、公開すれば「眠っている犬どもを目覚めさせる」と反対したのである。そこで海軍は短縮版の作成を要請し、ナレーションも一部変えられて、短縮版が公開された。短縮版（三十四分版）では冒頭の長いアンクルサムとC氏（チャーチルを思わせる）の会話やハワイの日本人スパイに関する部分はカットされた＊60。

しかし、開戦通告の遅れの問題をより鮮烈に日米の観客に印象付けた映画は何と言っても『トラ！ トラ！ トラ！』である。この映画には大使館で不器用に開戦通告をタイプする大使館員のシーンがある。これは開戦通告が遅れた責任を大使館の不手際に帰するものであるが、深読みをすれば日本側には攻撃する前に通告する意図があったことを示唆しているとも言える。この映画で特徴的なのは開戦通告の遅れを知って、山本五十六連合艦隊司令長官が「眠れる巨人を起こし、奮い立たせる結果を招いたも同然である」とアメリカを起こしてしまったと語るラストシーンである。これは開戦通告の遅れにより、アメリカ世論が憤激したということを示している。一方、二〇〇一年公開の映画『パール・ハーバー』にも、奇襲終了後のシーンで、奇襲成功で「おめでとうございます」と言われて、「しかし、今回の攻撃で我々は、眠れる巨人を叩き起こし、怒らせてしまった」と山本に言わせるシーンはあるものの、通告遅れなどには触れていない。

日本では高校の教科書にまで載る開戦通告の遅れであるが、アメリカでは実際はどうなのだろうか。『アメリカの小学生が学ぶ歴史教科書』では真珠湾攻撃についてかなり生々しく記述しているが、通告遅れの問題は取り上げていない＊61。むろん今日では専門家でなくても、アメリカの指導者が暗号解読により、攻撃前にすでに通告内容を承知していたことはよく知られており、先の二つの映画にも暗号解読に関連するシーンがある。そのことを考えると通告遅れを強調することは、いささかきまりが悪いと言えるかもしれない。

いずれにしろ、パールハーバーの集合的記憶は、日米間やまたそれぞれの国内においても、異なった意味を持ち、競合していたと言えよう。パールハーバーのみならず、一九九〇年代からアメリカにおいて第二次世界大戦は多様な意味を表わす形で思い出されるようになった。それを可能にした要因の一つには、冷戦コンセンサスの崩壊もあったと思われる。冷戦期にアメリカは、安全保障を重視して対日経済関係では譲歩をした。それと同じように、記憶の領域でも、少なくとも政府レベルでは反日的な記憶が抑圧されて表に出ないようになっていたとも考えられる。しかし、記憶、とくに岩崎稔がいうようなヴァナキュラーな記憶は、まさに政府レベルの統制とは裏腹に生き続け、冷戦後にはパンドラの箱が開けられたように様々な形で噴出したのである。たとえばパールハーバーの記憶に対して、日本側からは被害者としての広島・長崎の記憶が対峙してきたが（もっとも日本にはこれ以前に加害者としての記憶も存在していたと私は考える。自虐史観とひとくくりにすることができない反省の記憶もあったと考えなければ、強い反戦感情も説明できないだろう）、さらにこれに対抗するかのように一九九〇年代からは、戦中の日本軍の残虐行為に焦点をおくアジア版ホロコーストの記憶がアメリカ社会で表に出た。二〇〇七年には従軍慰安婦をめぐる米国議会の決議もなされたりした。冷戦コンセンサスがもっと力を持っていたならば、これらの記憶が表に出ることはおそらくあまりなかったのではないだろうか。さらに冷戦後、アイデンティティの政治力学がますます力を持ったことも、このような歴史的記憶を用いる記憶の活動家の動きを活性化させたと言えよう。

九・一一と諸々のパールハーバー

二〇〇一年の夏、パールハーバーの記憶は、映画『パール・ハーバー』が誇大宣伝を伴って公開され、意味付けを変えてアメリカ社会に甦った。この映画は歴史考証の観点から見ると、あまりにも杜撰であった。例えば日本軍上層部の作戦会議は子供たちが凧揚げをするのが見える丘の上で、「皇國」「尊皇」「勇戦」といった幟が張られた中でおこなわれている。何か戦国時代へタイムスリップしたと言うか、悪い冗談のようである。筆者が気になったのは、攻撃を知って軍の病院に向かうアメリカ軍の看護婦の何人かが、日本海軍航空機の爆撃と機銃掃射を受けて逃げ惑うシーンである。映画では攻撃により看護婦の一人が亡くなる。この悲劇は、ストーリーを盛り上げる効果を期待して入れられたのかもしれないが、実際の真珠湾攻撃でこの日に亡くなった看護婦はいないと思われる＊62。映画には、建物近くの車が被弾して病院も損害を受けるシーンがある（さすがに爆弾が病院を直撃するシーンはなかったが）。しかし、日本海軍は病院や市民を標的にすることがないよう厳しく命じていた。ヒッカム飛行場近くの病院に勤めていた陸軍看護婦は、攻撃中に病院近くを低空飛行して来た日本軍パイロットが彼女らに手を振り、病院を攻撃する意思がないことを知り、ラッキーと思ったと回想している＊63。意図的に民間人を狙ったという事実はない。民間人が犠牲になったことはあったが、消防士を除くと、他の多くは日本軍と言うよりも、米軍の対空砲の不発弾が、ホノルル市内で爆発したためである。日本軍の誤爆は、発電所近くの一発だけである＊64。日本軍を映画の演出とは言え必要以上に残虐に描いたことには、アメリカでも抗議が起こった。映画『トラ！　トラ！　トラ！』と比べると、歴史的な真実性は著しく後退し、代わりに娯楽性が増している。この映画『パール・ハーバー』は駄作と評価されたが、ちょうど公開のタイミングから、アメリカ社会に残っていたパールハーバーの記憶は、次の大事件九・一一同時多発テロを解釈することを手助けしたのである。

周知のように九・一一の後、本土に対するこの奇襲を第二のパールハーバーと捉える比喩は巷にあふれた。パールハーバーの記憶は、アメリカ社会で再び安全保障の文脈で語られる比喩やレトリックを供給することとなった。

安全保障のコミュニティでは、パールハーバーは便利な比喩であった。共産主義の脅威に由来する「諸々のパールハーバー」。ハイテクミサイル防衛システムに賛成する根拠を提供した「スペース・パールハーバー」。コンピューターの二〇〇〇年問題に対する懸念を表わした「電子的パールハーバー」。これにテロリストによる「第二のパールハーバー」が続いた*65。それは、直接経験した世代の人々にとっては、「われわれのパールハーバー」*66となったのである。

事件を受けてなされたジョージ・W・ブッシュ大統領の一連の演説は、ふんだんにパールハーバーと第二次世界大戦のイメージを利用した。二〇〇一年の九・一一後最初の十二月七日には、「テロリストはファシズムの継承者である」と述べられた。二〇〇二年の一般教書演説では、アメリカは「悪の枢軸」と戦っていると宣言された。言うまでもなく、第二次大戦のアメリカの敵は、日独伊のファシズム国家であり、枢軸国であった。さらにブッシュの「われわれの側につくか、テロリストの側につくか」という呼びかけや、お尋ね者のポスターは、より一層時代を遡って西部劇の時代を彷彿させた*67。もっともＦＤＲが保証したような最終的な勝利は、対テロ戦争（アフガニスタン戦争）にも、イラク戦争（二〇〇三年）にも明確に訪れることはなかった。

ブッシュ大統領は戦後のイラクを「日本モデル」に沿って民主化したいと考えていた。二〇〇五年八月三十日の対日戦勝六十周年を記念する演説で大統領は「自由《フリーダム》への一歩一歩で、日本人は地域の他の人々のモデルとなった。自由への一歩一歩で、日本人は世界コミュニティの価値あるメンバーに、地域の平和と安定のための力に、信頼でき頼りになるアメリカの同盟国となった」と述べ、日米両国首脳の父親の戦時中について触れた後にこう続けた。「こんにち、我々は過去の教訓を忘れてはならないし、この経験の教訓は明らかである。デモクラシーの兵器廠でもっとも強力な武器は自由《リバティ》の精神である。二十世紀において、自由の精神は、日本、ドイツから、東欧、ラテンアメリカ、東南アジア、アフリカに至るまで、自由《フリーダム》を広める役割を果たした」と。そしてそれが中東、イラクに及ぶことを期待して、民主化した「自由イラク」の理想を述べた＊68。しかし、その結果は「自由イラク」ではなく「イスラム国」であった。「イスラム国」が消えてもなお、イラク情勢は安定しているとは言い難い。一方でアフガニスタン戦争は、アメリカのもっとも長引いた戦争とも称されている。一時は力を失ったタリバンは勢力を盛り返し、トランプ政権は二〇二〇年二月にタリバンとの和平合意にこぎつけた。バイデン政権下、米軍は二〇二一年八月に完全撤収し、同地ではタリバンが復権した。少なくともイラクやアフガニスタンは、日独伊が戦後、アメリカの同盟国となってお互いに繁栄を享受し、第二次世界大戦の意義を明確に裏付けたようにはならなかったのである。これらのブッシュの戦争は、アメリカ社会にどのような記憶を残していくことになるのだろうか。

それは「恥辱の日」だろうか

参戦教書の冒頭で、フランクリン・D・ローズヴェルト大統領は「昨日、一九四一年十二月七日」と述べてから“a date which will live in infamy”というフレーズを続けた。これをどう訳すか。訳語の選択においても、日米の文化的な差異が感じられる。

単語 infamy には様々な訳が当てはまる。蛮行、非行、卑劣行為、破廉恥な行為、汚名、汚辱、恥辱などである。同様に一九四一年十二月七日を表す day of infamy も、「汚名の日」「汚辱の日」「恥辱の日」や、なかには「屈辱の日」とする訳もある。

しかし、たとえば、九・一一後、アメリカ国民の多くは、アルカーイダに攻撃を受けたことを、恥辱とか屈辱と受け止めただろうか。パールハーバーあるいは九・一一後、アメリカ国民の中には屈辱・恥辱を覚えた人も確かにいたであろう。とくに自分たちより劣ると考えていた相手による攻撃で大きな損害をこうむり、それを恥辱と覚えることもあったろう。ただ、そのような感情がアメリカ国民のメンタリティの中心を占めたと言えるだろうか。「汚名の日」「汚辱の日」「恥辱の日」「屈辱の日」とすると、どうしてもアメリカ人のメンタリティにそぐわない印象を受ける。当時は（そして今でも）、「卑劣！」と相手を非難する意味合いの方が強かったのではなかろうか。

ローズヴェルトの開戦演説の場合は、日本に対するローズヴェルトの強い憤りと非難を表していると解釈されるので、この日は「恥知らずな蛮行があったと、いつまでも記憶されるであろう日付」と訳すのが適切なのではなかろうか（長すぎるので「恥知らずな蛮行で記憶されるであろう日付」でもよいだろう）。「恥知らずな蛮行」は「醜行」でもいいかもしれない。従って、day of infamyも「蛮行の日」「醜行の日」となる。

一方で、日本側にとってはどうだろうか。たとえば真珠湾攻撃の日を「屈辱の日」と訳すと、日本がアメリカに屈辱を与えたと解釈できる。このような訳は、真珠湾攻撃によって日本は、アメリカに一泡吹かせてやったということになり、日本側の自尊心もくすぐる。日本側にとって都合のよい訳語であったと言えよう。ただ、「恥知らずな蛮行の日」とすると、そういうニュアンスはなくなる。むろん文脈によっては、「恥辱」とした方がフィットする場合もあるが、それにより印象が変わってしまうことは留意しなければならないだろう。

オバマ、トランプ両大統領と安倍首相、そしてバイデン

二〇一六年には太平洋戦争に関係して、日米で二つの印象的な出来事があった。五月二十七日、民主党のバラク・オバマ大統領は、現職のアメリカ大統領としては初めて、一九四五年八月に原爆が投下された広島を訪れ、慰霊碑に献花しスピーチをした。安倍首相も同行した。

一方で安倍首相は十二月二十七日（日本時間二十八日）、真珠湾のアリゾナ記念館をオバマ大統領と共に訪れ、真珠湾攻撃の犠牲者に哀悼の意を表した。日本の現職の首相が同館を訪問するのは初めてのことであり、当然、日米の首脳が揃って慰霊訪問をするのも初めてとなった。安倍首相は予想された通り、謝罪の言葉は口にしなかった。

これらの両国首脳による相互の慰霊訪問によって、真珠湾攻撃による太平洋戦争の始まりと、広島・長崎への原爆投下による戦争の終わりがつながる形となった。真珠湾訪問時、安倍首相は日米同盟を「希望の同盟」と表した。しかし、それはオバマ大統領に向けてというよりも、次の大統領を見据えて述べたと言えそうである。その年の十一月八日の大統領選挙では大方の予想を覆す形で、共和党のドナルド・トランプが大統領に当選していた。安倍首相はその当選直後の十一月十八日、ニューヨークのトランプタワーを訪れ、早くも次期大統領と会談をして関係構築を図っていた。

二〇一七年一月に大統領に就任したトランプの外交には、様々な不確定要素があると評されたし、実際にそうなった。ただ先進国首脳の中でいち早く「良好」と称されることが多い関係を築いたのが、安倍首相だった。日米両国首脳は、何度も電話会談を含む首脳会談を実施し、「良好な関係」の構築に務めたのである。

ところが、そのような蜜月ともいえる日米両国首脳の関係に暗雲が漂ったかのような報道をしたのが、本章の冒頭で紹介した二〇一八年八月終わりの『ワシントン・ポスト』紙の記事だった*69。何しろ六月の日米首脳会談の際にトランプ大統領は安倍首相に「私はパールハーバーを忘れていないぞ」と言ったというのだから、穏やかではない。日米、とくに日本では様々な憶測が飛び交い、両者の良好な関係は見せかけだけじゃないかというような意見も出た。

この記事のタイトルは「『私はパールハーバーを忘れていないぞ』――トランプ大統領の日本の首相との冷たく熱い関係の内幕」である。中身を読むとなかなかウィットに富んでいることが分かる。出だしはこうである。

六月のホワイトハウスでの緊張感を孕む会談の最中に、トランプ大統領は当てつけの言葉で日本の安倍晋三首相に不意打ちを食らわせた。

「私はパールハーバーを忘れていないぞ」と大統領は述べ、合衆国を第二次世界大戦へと駆り立てた奇襲攻撃に言及した。

この会話に詳しい人々によれば、それから、トランプ大統領は日本の経済政策に対して辛辣な非難を浴びせかけた。（以下略）

まず冒頭にある大統領の「当てつけの言葉」は、もちろん「パールハーバーを忘れていないぞ」であるが、それで不意打ちを食らった（原語：catch sb off guard は、「不意打ちを食らわせる」とか「油断につけこむ」といった意味である）のは安倍首相なのである。すなわち七十六年過ぎた後に奇襲をしたのは、トランプ大統領の方である。記事の話の枕として、パールハーバーは読者を引きつける格好のフレーズであったろうし、この出だしには奇襲する／される関係を逆転させたユーモアもある。記事では少し後にこう続けている。「安倍を憤慨させたこの会談は、外国の指導者とのトランプの親密な関係の逆説的な性質を典型的に示していた」と。ただ、よく読むと、安倍首相が大統領のパールハーバー発言に憤慨したとは書いていない。記事ではその後に、トランプ大統領は、ゴルフの腕前で安倍首相を賞賛しながらもからかったりしているが、他国の指導者に対してしているように嘲ったりすることはないということを紹介している。どうもトランプのパールハーバー発言は、騙し討ちをする卑劣な日本ということを示すために使われたとは思えない。

ところが日本のメディアでは、大統領が真珠湾に言及したことにより、日米関係が強固という首相の訴えの「信憑性が揺らぐ」といった内容の報道がなされたりもした。真珠湾＝騙し討ちというステレオタイプを逆手に取ってユーモアに変えた『ワシントン・ポスト』紙と比べると、そのようなステレオタイプに固執しているのは日本の報道機関の方であるとも言えそうである。

ところでこの件を報じたフジテレビの「プライムニュース　イブニング」（二〇一八年八月二十九日）では、首相官邸筋の話として、トランプ大統領の発言は「真珠湾攻撃を忘れていない。日本も昔はもっと戦っていただろう。日本も周辺国ともっと戦うべきだ」という内容だったことを明らかにした*70。それはそれで問題がありそうな発言であるが、その通りとすれば、騙し討ちをする卑怯な国という文脈ではない。この件をさらに追及した産経新聞（二〇一八年九月四日付け）は、大統領の真珠湾発言が飛び出したのは、同年四月に両首脳がフロリダ州でゴルフを始める際であり、「日本は、米国をたたきのめすこともある強い国じゃないか」と真珠湾攻撃を持ち出したジョークだったという。同紙は「むしろ日本を賞賛する文脈だった」と書く*71。その通りだとすれば、これは先の冷戦期の「価値ある同盟国」に沿った発言である。もっともそう言っておいて商売人であるトランプは、大量の米国製兵器の売却を図ったのかもしれないが。

トランプ大統領のパールハーバー発言の真相あるいは真意は分からないが、少なくとも騙し討ちをする卑劣な国という意味ではないようである。パールハーバーは、奇襲攻撃時とは大きく意味を変えていることがこの発言からは窺えるだろう。

トランプ大統領のパールハーバーへの言及は、実はこの時が初めてではない。二〇一七年十一月五日、トランプ大統領夫妻はアリゾナ記念館を訪れた後に得意のツイッターで呟いた。

我々の偉大な軍／在郷軍人と@太平洋軍に感謝する。
リメンバー・パールハーバー。リメンバー・@アメリカ戦艦アリゾナ。
私が決して忘れない日*72。

最後の一行は下手なパロディであろう。さらにこの年の大統領として初めて迎えた真珠湾攻撃記念日、在郷軍人を讃えて演説したトランプ大統領は、「本日、我々がパールハーバーを思い出す日（as we Remember Pearl Harbor）、一九四一年十二月七日の攻撃から生還した在郷軍人と共にいることは信じがたいほどの名誉であった。彼らはヒーローである（以下略）」とツイートした＊73。ここでもリメンバー・パールハーバーが掛け詞的に使われていた。どうも一九四六年六月に生まれた戦後生まれのトランプ大統領は、「リメンバー・パールハーバー」というフレーズを使うことにほとんど抵抗がないようなのである。

トランプ大統領の二〇一七年十一月のアリゾナ記念館訪問は、パールハーバーに別の新しい意味を付与した。それは歴史知識の試金石という意味である。それと言うのも訪問の時に、トランプ大統領は歴史についての無知をさらけ出したという指摘があるからである。トランプ大統領の三年間を描いた『ワシントン・ポスト』紙の二人の記者による著作『ある非常に安定した天才』（題名はもちろん皮肉である）では、トランプ大統領が真珠湾攻撃をめぐる基本的な歴史を把握していなかったように思われると述べている。と言うのは、アリゾナ記念館の追悼式典に参加する際にトランプは当時の首席補佐官に「いったいこれは何だ？　何のための訪問だ？」と尋ねたというのである。さすがにパールハーバーと聞いて、歴史的な戦闘の場を訪れることは分かったようだったが、「他にはあまり分かっていなかったように思える」と著者たちは書く。そして同書ではホワイトハウスの元上級顧問の「彼は時々、危険なまでに無知だ」という言葉を紹介している＊74。

パールハーバーはついには、大統領の資質を問う歴史知識となり、パールハーバーを忘れていないぞと言いながら、実は大統領になる前にはその内容をよく知らなかった大統領も登場するようになったようである。

トランプの再選を阻止したジョー・バイデン大統領は、上院議員時代に「ロス・バイデン決議」とも呼ばれるキンメル提督・ショート将軍の名誉回復決議の共同提案者となっている。パールハーバーをめぐる問題は忘れていないだろう。法的拘束力は無いが、決議は一九九九年五月に上院で採択された。この時バイデンは「歴史上の真実は重要である。一九四一年十二月七日のパールハーバーの指揮官を政府が公正に扱わなかったことを認めるのに遅すぎることはない」と議場で訴えた。「最終的には行動しなければならないのは大統領である」ともバイデンは前置きしている。退役した指揮官で現役時代の最高ランクで退役リストに昇進登録されなかった将官はキンメルとショートだけで、それを正すには大統領の承認が必要である。二十年以上経ったが、承認はされていない。バイデンが大統領となったいま、名誉回復に何らかの動きがあるか注目される＊75。

おわりに

以上見てきたように、パールハーバーの記憶をめぐる考察が明らかにしていることは、記憶がいかに不安定でうつろいやすいものであるかということである。このことを踏まえて、ローゼンバーグはこう述べている。「本書が試みているのは、この聖像と化した出来事のいくばくかの真実を動かしがたくすることではなくて、その不確実さを調べることであり、論争に用いられた用語から何を学びとることができるかを理解することである」と。真実を追求することが通常の歴史家の仕事であるとすれば、「不確実さを調べること」はまさに新しい「記憶の歴史家」の仕事と言えるかもしれない*76。

かつてメイは歴史家が政治に貢献できる仕事の一つとして、「政治に関する議論でよく使われる言葉を分析すること」を挙げた。たとえば「帝国主義」といった頻繁に使われる言葉の多様な意味について、「歴史家たちの助言を得ることによって、少なくとも識別できるようになる」という効果があるからである。同じことは、記憶の歴史で論争に用いられた用語から学ぶことにも言えるだろう。さらにメイは「歴史家にとって最も重要な機能は、政府内部の人が、歴史上の対比や類推や先例に頼って見がちな歴史上の諸事例を分析することである」とも述べている。このような諸事例について分析を示すことは、まさに集合的記憶（あるいは公的記憶）による影響を受けた政府内部者に、事態を考え直すきっかけとして作用するだろう*77。

いずれにしろ歴史的記憶と安全保障の関係は、このような不確実な基盤の上に成り立っていると言わねばなるまい。しかし、歴史的記憶のうつろいやすさは、肯定的に捉えることもできる。たとえば、日中戦争・太平洋戦争や日本による植民地支配に付随する記憶が、変容したり多様化することも遠い将来にはあるかもしれない。パールハーバーが多様な意味を持つようになり、卑劣な日本人というかつてアメリカで主流であった意味が、脇に押しやられるようになったように。

一方で、記憶の政治利用とアイデンティティ・ポリティクスの勃興は、ハードだけで捉えきれない部分で、安全保障環境に影響を与えるであろうし、すでに与え続けているとも言えるであろう。ただ、記憶の活動家が、他国を貶める活動を第三国などで嬉々として行なう姿を見るにつけて、そういう風にして他国への反感・憎しみでしか自己のアイデンティティを確保することができないとしたら、それはそれでその国の国民にとって幸福なことなのだろうかと思ってしまう。アメリカにとってのパールハーバーの意味を見ていると、露骨な反感・憎しみから、異なる意味や教訓に変容していったことが分かる。記憶はまた忘れることも、変容させることも許容しているのである。

＊註

1　John Hudson and Josh Dawsey, "'I remember Pearl Harbor': Inside Trump's hot-and-cold relationship with Japan's prime minister," *Washington Post*, 28 August 2018.

2　本章の内容は、Emily S. Rosenberg, *A Date Which Will Live: Pearl Harbor in American Memory* (NC: Duke University Press, 2003)とその拙訳著、エミリー・S.ローゼンバーグ『アメリカは忘れない――記憶のなかのパールハーバー』飯倉章訳（法政大学出版局、二〇〇七年）に負うところ大であり、そのレヴュー的な性格を併せ持つ。引用に際して、他の訳書もそうであるが、文脈に即して若干訳し直した部分もある。本章は、拙著論文「アメリカの安全保障政策にみる歴史的記憶の影響と利用――パールハーバーの記憶を事例として」（『城西国際大学大学院紀要』第十二巻、二〇〇九年）一～一八頁を基にして、修正を施したり最近の出来事に関する考察を付け加えたものである。多少、筆が滑った部分もある。さらに本章は、国際安全保障学会二〇〇八年度大会分科会「歴史的記憶と安全保障」（二〇〇八年十二月七日　於：政策研究大学院大学）で筆者がした口頭発表での議論を踏まえて加筆訂正を加えたものでもある。分科会の関係者の方々に感謝したい。

3　遺稿集『集合的記憶』は、Maurice Halbwachs, *La mémoire collective* (1950)である。邦訳、M・アルヴァックス『集合的記憶』小関藤一郎訳（行路社、一九八九年）と英訳、Maurice Halbwachs, *On Collective Memory*, edited, translated, and with an introduction by Lewis A. Coser (Chicago: University of Chicago Press, 1992)がある。この *On Collective Memory* には、以下の二つの著作が訳出されている。*Les cadres sociaux de la mémoire* (1952); *La topographie légendaire des évangiles en terre sainte: Etude de mémoire collective* (1941).

4　『集合的記憶』、ix 頁。Lewis A. Coser, "Introduction," in Maurice Halbwachs, *On Collective Memory*, pp. 3, 6-7.

5　Halbwachs, pp. 20, 38.

6　Barbie Zelizer, "Reading the Past against the Grain: The Shape of Memory Studies," *Critical Studies in Mass Communication*, 12, no. 2 (1995), pp. 214-216. Rosenberg, p. 191〔邦訳、三一七～三一八頁〕の引用より。

7　滝田賢治「「国民国家」アメリカにおけるベトナム戦争の公的記憶」細谷千博・入江昭・大芝亮編『記憶としてのパールハーバー』ミネルヴァ書房、二〇〇四年、三一八～三一九頁。滝田の議論では、公的記憶はさらに「密教的」「顕教的」という二つのレベルに分類される。

8　しかし、**public memory** が「公共の記憶」とも訳せるように、ある種の市民社会をその形成主体と考えることもできる。その点を検討している論文としては、大芝亮「ナショナル・ヒストリーからトランスナショナル・ヒストリーへ——日本における歴史教科書問題を事例として——」『記憶としてのパールハーバー』四〇七～四一〇頁。
9 滝田、三二一～三二二、三二七～三二八頁。
10 たとえば『記憶としてのパールハーバー』の著者たちは、太平洋戦争に関する日本人の公的記憶は確立していないという立場で一貫しているようである。
11 岩崎稔「『ヴァナキュラーな記憶』を探索――パールハーバーという主題をめぐって」（書評『週刊読書人』二〇〇七年七月六日号）。
12 アルヴァックス、八六～八七頁。
13 アルヴァックス、八八～九一頁。
14 アルヴァックス、九二頁。
15 アルヴァックス、九四頁。
16 アルヴァックス、九四頁。「歴史の教訓」については、アーネスト・R・メイ『歴史の教訓――戦後アメリカ外交分析』新藤榮一訳（中央公論社、一九七七年）を参照。
17 メイ、ⅰ～ⅴ、二四八頁。メイとR・E・ニュースタットは、歴史が政策決定者に誤用される危険性があることから、成功と失敗の両面に着目しての政策決定者向けの歴史の利用方法の講義をした。その内容が、R・E・ニュースタット、アーネスト・メイ『ハーバード流歴史活用法――政策決定の成功と失敗――』臼井久和、滝田賢治、斎藤元秀、阿部松盛訳（三嶺書房、一九九六年）である。
18 Robert Jervis, *Perception and Misperception in International Politics* (Princeton, N.J.: Princeton University Press, 1976) pp. 225-27.
19 ローゼンバーグ、八～九、二一九頁。
20 ローゼンバーグ、一六六頁。

21 ローゼンバーグ、一六五頁。
22 ローゼンバーグ、一七〜二二頁。
23 ローゼンバーグ、一八、一九、二二、二三頁。
24 ローゼンバーグ、二八頁。
25 ローゼンバーグ、二一、二二、二五〜二七頁。
26 ローゼンバーグ、七頁。
27 ローゼンバーグ、二八頁。
28 ローゼンバーグ、五〇頁。
29 ローゼンバーグ、四二頁。
30 ローゼンバーグ、四四〜四五頁。
31 ローゼンバーグ、四五〜四六頁。ギャディスの言葉は孫引きで、John Lewis Gaddis, *We Now Know: Rethinking Cold War History* (New York: Oxford University Press, 1997) pp. 35-36、邦訳、ジョン・ルイス・ギャディス『歴史としての冷戦——力と平和の追求』赤木完爾・齊藤祐介訳（慶應義塾大学出版会、二〇〇四年）からの引用である。
32 ローゼンバーグ、四六頁。
33 ローゼンバーグ、四七頁。引用部分は、Michael S. Sherry, *Preparing for the Next War: American Plans for Postwar Defense* (New Haven, Conn.: Yale University Press, 1977) p. 238.
34 ローゼンバーグ、四二〜四三頁。
35 Roberta Wohlstetter, *Pearl Harbor: Warning and Decision* (Stanford, Calif.: Stanford University Press, 1962). 邦訳、ロベルタ・ウールステッター『パールハーバー——トップは情報洪水の中でいか

に決断すべきか』岩島久夫・岩島斐子訳（読売新聞社、一九八七年）、新訳、ロバータ・ウォルステッター『パールハーバー――警告と決定』北川知子訳（日経BP、二〇一九年）。ローゼンバーグ、六五頁。

36 ローゼンバーグ、五〇頁。
37 ローゼンバーグ、八六～八九頁。
38 ローゼンバーグ、八五頁。
39 ローゼンバーグ、九六～九七頁。
40 ゴードン・プランゲ『トラ　トラ　トラ《新装版》―太平洋戦争はこうして始まった―』千早正隆訳（並木書房、二〇〇一年）三四一～三四三、三五六頁。「源田調査団八日出発」（『朝日新聞』夕刊、一九五九年七月二十七日）。
41 ローゼンバーグ、四〇～四一頁。
42 石井修「第一部　第四章　対立と強調　一九七二―一九八九年」細谷千博監修、A50日米戦後史編集委員会編『日本とアメリカ　パートナーシップの50年』（ジャパン タイムズ、二〇〇一年）一九三～一九四頁。
43 経済的パールハーバーについては、ローゼンバーグ、九八～一〇三頁も参照。
44 日本軍の攻撃で沈没した戦艦アリゾナの戦死者は一一七七人で、そのうち一一〇二柱の遺体が船体のなかに葬られている（ローゼンバーグ、一〇六頁）。アリゾナの引き上げと遺骨収集も物理的に不可能ではなかろうが、そのまま埋葬地としたことには文化的相違がある。荼毘に付した遺骨を墓に納骨する日本の葬法からすると違和感があるが、土葬によるキリスト教の葬法では違和感は少ないと思われる。

45 ローゼンバーグ、一〇九頁。
46 ローゼンバーグ、一一一頁。
47 キリスト教においての贖罪は、キリストの生と死と復活を通して、神の恩寵により人間はその罪から解放される。確証は持てないものの、これと類似したメッセージを発しているのではないかということである。
48 ローゼンバーグ、一一四〜一一七頁。
49 ローゼンバーグ、一五七頁。
50 ローゼンバーグ、一六四頁。
51 ローゼンバーグ、一四一頁。
52 ローゼンバーグ、六九〜七〇頁。
53 **Robert B. Stinnett, *Day of Deceit: The Truth about FDR and Pearl Harbor* (New York: Touchstone, 2000)**、邦訳ロバート・B・スティネット『真珠湾の真実――ルーズベルト欺瞞の日々』妹尾作太男監訳、荒井稔・丸田知美訳（文藝春秋、二〇〇一年）。
54 この点をローゼンバーグは指摘はしていないが、岩崎稔「『ヴァナキュラーな記憶』を探索」に同様の指摘が見られる。
55 ローゼンバーグ、第七章で、この名誉回復の運動は詳しく論じられている。
56 石井進、五味文彦、笹山晴生、高埜利彦（ほか九名）『詳説日本史　改訂版』（山川出版社、二〇一四年、二〇〇六年文部科学省検定済）三三九頁。
57 井口武夫『開戦神話――対米通告はなぜ遅れたのか』（中央公論新社、二〇〇八年）及び同書増補改訂版『開戦神話――対米通告を遅らせたのは誰か』（中央公論新社、二〇一一年）を参照のこと。

58 波多野澄雄編著、日本外交協会企画『日本外交の１５０年――幕末・維新から平成まで――』（日本外交協会、二〇一九年）二二二頁。教科書の記述変更は、笹山晴生ら『詳説日本史　改訂版』（山川出版社、二〇一九年、二〇一六年文部科学省検定済）三六二頁を参照。

59 同右、二二二頁で紹介された下田武三氏の見解。

60 Joseph McBride, *Searching for John Ford* (New York: St. Martin's Press, 2001) pp. 384-86.

61 ジェームス・M・バーダマン、村田薫編『アメリカの小学生が学ぶ歴史教科書　What Young Americans Know about History』（ジャパンブック、二〇〇五年）一九八～二〇三頁。本書の後半部分は小学校六年生向けとのことである。元となったのは、E・D・ハーシュ編纂の教科書である。

62 "Pearl Harbor Nurses: The Women Who Cared For The Wounded," *Pearl Harbor Warbirds*, blog, 〈https://pearlharborwarbirds.com/pearl-harbor-nurses/〉 このブログによると、攻撃の日にハワイには、三つの医療施設で働く八十二名の陸軍看護婦がいたというが、「この日に亡くなったと知られる者は誰もいない」という。海軍看護婦については詳細は不明であるが、真珠湾攻撃の一日の詳細なドキュメンタリーであるウォルター・ロード『真珠湾攻撃』宮下嶺夫訳（小学館、二〇〇〇年）［小学館文庫］には、基地病院で空襲を避けようとする看護婦が登場するが（二一二頁）、看護婦が亡くなったという記述はない。

63 "Pearl Harbor Nurses." 微笑ましいエピソードであるが、その後の米軍による日本本土への無差別爆撃や原爆投下を思うとやるせなくなる。

64 ロード、二三四頁。プランゲ、三六五頁。

65 ローゼンバーグ、五、二五七頁。

66 ローゼンバーグ、二六二頁。

67 ローゼンバーグ、二五二、二五四、二六〇頁。

68 "President Commemorates 60th Anniversary of V-J Day," 30 August 2005, Office of the Press Secretary 〈https://georgewbush-whitehouse.archives.gov/news/releases/2005/08/〉.

69 Hudson and Dawsey.

70 榊原智「【第５４０回・特別版】誤って伝えられた米大統領の「真珠湾」発言」（『国家基本問題研究所・今週の直言』二〇一八年九月三日〈https://jinf.jp/weekly/archives/23404〉）。寄稿時、榊原氏は産経新聞論説副委員長。「プライムニュース」の報道内容は、この記事からの孫引きである。

71 「トランプ米大統領「真珠湾」発言の米紙報道　日時・場所・文脈とも全く異なると判明　政府高官明かす」（『産経新聞』二〇一八年九月四日七時一分〈https://www.sankei.com/politics/news/180904/plt1809040002-n1.html〉）。

72 Donald J. Trump @realDonaldTrump, Thank you to our GREAT Military/Veterans and @PacificCommand. ..., 4 November 2017.

73 Donald J. Trump @realDonaldTrump, Today, as we Remember Pearl Harbor ..., 7 December 2017.

74 Ashley Parker, "New book portrays Trump as erratic, 'at times dangerously uninformed'," *Washington Post*, 15 January 2020.

75 Congressional Record, Senate, 25 May 1999, p. 5894.

76 ローゼンバーグ、一一頁。

77 メイ、二四六〜二四七頁。

第4章

キッチンをめぐる戦争
冷戦と家庭への封じ込め

飯倉　章

「キッチン論争」
ニクソン副大統領(右)とフルシチョフ首相(帽子)がキッチン論争を繰り広げている様子。1959年7月24日付け。
(写真:米国議会図書館 2009632334)

はじめに

一九五九年七月二十四日、モスクワでアメリカ博覧会が幕を開けたとき、アイゼンハワー政権の副大統領リチャード・ニクソンは、ソビエト連邦首相ニキータ・フルシチョフと「外交舞台では普通でない行為」と呼ばれる「言葉による決闘」をした＊1。東西冷戦下にあって二人は、報道陣を引き連れて博覧会場を巡りながら、時にはテレビカメラを前にして激論を交わしたのである。しかも、ニクソンの舌戦の武器は、核兵器でも戦略爆撃機でもなく、博覧会場に展示されたカラーテレビ、洗濯機といった家庭用電気製品と、それらを備えた郊外型のモデルハウスだった。むろん論題は、核戦争、ミサイル・ギャップなどの外交・軍事問題に及ぶこともあったが、ニクソンはその方面への深入りを避け、フルシチョフに「ロケットの力を争うよりも、洗濯機の優秀さを比較して競争する方が良くはありませんか」と語りかけた。ミサイル開発競争で劣勢に立たされていると信じていたニクソンは、家電製品とモデルハウスでアメリカ、ひいては資本主義体制の優越性を示し、劣勢の挽回を図ったのである。この二人の言葉による対決は、ニクソンの政治的勝利として、当時は大いに誉めそやされた。これが「キッチン論争」（Kitchen Debate）＊2である。この論争で評価されたことを足がかりとして、ニクソンは翌年に共和党の指名を受けて、まれにみる激戦となったケネディとの大統領選に臨むことになる。

キッチン論争はその後の歴史のなかで一つのエピソードとして埋没する運命にあったかのように思えた。しかし、それは冷戦期アメリカの家族の問題を扱ったイレイン・タイラー・メイの先駆的著作『ホームワード・バウンド』（一九八八年）のなかで、ジェンダー解釈によって甦った。ニクソンは、モデルハウスの据付式の洗濯機を前にして、「私たちがしたいと思っていることは、私たちの主婦の生活をより簡便にすることです」と述べた。それはニクソンの解釈では「普遍的」なことなのであった。しかし、このような発言は、社会的・文化的につくられた性別（ジェンダー）に基づく役割分業を如実に示していた。冷戦期のアメリカでは、ソ連の封じ込めと共に、とくに五〇年代には、ジェンダー役割に則って、アメリカ人の「家庭への封じ込め」が起こったとメイは指摘している。一方で、ニクソンの言説から浮かび上がってきた郊外家庭で豊かな満ち足りた生活をするアメリカの主婦像は、一九六三年に出版されたベティ・フリーダンの『女らしさの神話』（邦訳『新しい女性の創造』）で異議申し立てを受ける。この本は、実際、郊外の白人主婦たちは満ち足りた生活などしてはいないと主張し、彼女らの鬱屈を指摘してセンセーションを巻き起こした。この書が一つのきっかけとなって、六〇年代半ばからアメリカでは第二派フェミニズム運動が起こり、アメリカ社会を根底から変えて行くことになる*3。

本稿の目的は、熱く戦われることのなかった冷戦という戦争（むろん代理戦争はあったが）を、冷戦下の一つの挿話である「キッチン論争」を通して、ジェンダーと家庭への封じ込めに着目しながら分析することにある。軍事史、外交史といった分野で研究が進んできた冷戦を、社会史的なコンテクストから捉え直し、軍事・外交にも新たな知見を提供できればと願う。

冷戦史のなかのキッチン論争の背景

まずは、冷戦史のコンテクストから、キッチン論争の前後の時期を見てみたい。この論争のあった一九五九年は、一時的に緩和した冷戦初期の緊張が再び高まり始めた時期に当たる。周知のように、米ソ間の対立に基づく冷戦は、第二次世界大戦後、一九四七年頃から顕在化し、四八年から五三年にかけて激化した。しかし、五三年にはスターリンの死もあって、一時的に緊張緩和に向った。この年、アメリカでは一月にトルーマンに代わって共和党のアイゼンハワー政権が誕生し、その後、ケネディに代わるまで二期八年続く。一方、ソ連では、三月のスターリンの死後、マレンコフが首相に就いたが、その年の九月に党第一書記となったフルシチョフが、クレムリン内部での権力闘争を経て徐々に実権を固めて行った。フルシチョフは、一九五六年には平和共存路線を打ち出すと共にスターリン批判を行い、五八年には首相を兼任して最高権力を掌握し、他のクレムリン内部の実力者を排除した（そのフルシチョフも、一九六四年には失脚する）。

フルシチョフが最高指導者となった一九五八年前後から、冷戦の緊張は再び高まった。その前年、五七年十月にソ連は、人類史上最初の人工衛星スプートニク一号の打ち上げに成功した。このことは軍事的に見ると核兵器を搭載した大陸間弾道弾により、アメリカ本土を攻撃することが可能となったことを意味した。いわゆるスプートニクショックがアメリカを襲った。それまで戦略爆撃機によるものと考えられていた核攻撃が、ミサイルによる、より身近で現実的な脅威として受けとめられるようになったのである。すでにその前の八月に、ソ連は世界で最初の大陸間弾道弾の実験に成功していた。

アメリカ側ではソ連にミサイルで大きな遅れをとったという認識が強まり、ミサイル・ギャップ論争が惹起された。実際には、フルシチョフの誇張されたミサイル発言とその威嚇的な言い回しにアメリカ側は振りまわされていたのだが、それが分かるのは後のことである。追い討ちをかけるようにフルシチョフは、五八年十一月、ベルリン問題をソ連に有利に解決しようと西側諸国に脅しをかけた。フルシチョフは期限付き提案（ある種の最後通告）を行い、第二次ベルリン危機が起こった。それが一時的であれ収束するのは、フルシチョフが妥協を示した翌五九年三月の記者会見による。それまでの間、ヨーロッパは米ソ間の核戦争の舞台となる危険にさらされ続けた。ニクソンのソ連訪問は、それからわずか四カ月後のことである。

一方で東西両陣営間では、一九五五年のジュネーヴ四大国首脳会談（米英仏ソの首脳会談だが、一九四五年のポツダム会談以来、初の米ソ首脳の会談となった）と外相会談で、東西交流の促進が話し合われた。相互理解を図ると言うよりも、お互いに相手側に自らのイデオロギーの浸透を図ることが主たる動機であったが、ニクソンが出席したモスクワでのアメリカ博覧会はこのような東西交流を促進する活動の一環とも見ることができる。

一九五九年七月下旬から八月初めのニクソンのソ連訪問は、当時、ウォルター・リップマンに「外交上の局面打開」をもたらしたと評価されたが*4、こんにちの冷戦史では重要な出来事とは位置付けられていない。この訪問がそこでの論争と共に、当時かなり話題となり、アメリカ国民の記憶に刻み込まれたのは事実である。しかし、昨今の歴史家によってそれが振り返られることも稀なのは、後の大きな事件にその印象がかき消されてしまったためであると思われる。その後の三年余りの間には、フルシチョフのアメリカ訪問（五九年九月）、U-2偵察機の撃墜事件（六〇年五月）、ベルリンの壁の構築（六一年八月）、さらにキューバ危機（六二年十月）と、相次いで冷戦史上はるかに重要な出来事が起きている。しかし、追い追い明らかにするように、この忘れ去られかけていた論争にも、冷戦というコンテクストから見ると、様々な意味が凝縮されていたと言えるのである。

次に、冷戦下のアメリカの文化・社会史的な側面も概括しておこう。冷戦文化の研究によれば、アメリカ人の政治と文化の諸相を劇的に変化させた、冷戦期に特徴的な新しい要素は次の四点である。第一に核兵器による全滅の脅威、第二に代理戦争・秘密戦争による直接的な軍事対決の代替、三番目は公然と社会主義を信奉したり、第三世界の革命を支持する敵に対する敵対（反ソ主義）、そして最後（第四）は軍産複合体の勃興である*5。これらを念頭に置きながら、アメリカにおける冷戦の社会的な意味を見てみよう。

冷戦下のアメリカでまず問題となったのは、四要素のうちの三番目の反ソ主義と関連する、国内の共産主義者の取り締まりである。これには、戦前からあった連邦議会下院の非米活動委員会が、戦後に常設の委員会となって積極的に関与し、一九四七年のハリウッドの映画人の尋問とその後の追放、四八年の国務省官僚アルジャー・ヒスのスパイ容疑事件の調査などに当たった。ニクソンは、この委員会で中心的な役割を果たした。一方、共和党のマッカーシー上院議員は、五〇年に国務省内に共産主義者のスパイ網が存在するといった爆弾発言を行い、次々と知識人や民主党系の政治家を指弾した。マッカーシイズムと呼ばれるこのような活動は五四年まで続いた。同じ頃、ソ連のスパイであったという容疑によるローゼンバーグ夫妻の逮捕・裁判、そして死刑執行（五三年）も行われている。

国内の共産主義者と共に、アメリカ国民を恐れさせたのは、四要素のうちの最初の核攻撃による滅亡の恐怖である。先にも述べたように、戦略爆撃機、次いで大陸間弾道弾による核攻撃の可能性は、これまでのアメリカ本土は安全であるという神話を覆した。しかも、大量報復戦略により、ひとたび核攻撃が始まれば報復の連鎖によって、誰もが生き残れないという悲観的な終末観が広まった。それを代表するのが、核攻撃後の世界を扱ったネヴィル・シュートの小説『渚にて』（一九五七年）であり、これを原作とした映画は一九五九年に封切られている。人々は民間防衛の一環として、核シェルターを設置して、核攻撃を受けた場合の被害を最小にしようとした。そのような懸念が頂点に達したのは、ケネディが一九六一年七月、家族用の核シェルターを設置して水爆戦争に備えるようアメリカ国民に呼びかけたときだった。核シェルターのパンフレットが何百万部も配られた*6。当時のアメリカには、未曾有の繁栄と同時に滅亡の脅威が共存していたのである。このような環境のなかで、ニクソンはフルシチョフとの論争に臨んだのである。

ニクソンへの助言

ニクソンの回顧録によれば、ニクソンの派遣は、米国情報局（ＵＳＩＡ）＊7がアメリカ博覧会の合衆国代表として彼を推薦し、それをアイゼンハワーが承認して一九五九年の早いうちに決まった。ニクソンはそれまでも、その後もないくらい、非常に入念な準備をおこなった。ソ連やそこに住む人々について、本を読み、ブリーフィングを受け、晩には本人のみならずパット夫人までがロシア語を学習した。ニクソンはモスクワ訪問に際しては、三人の助言が記憶に残っているという。一人はジョン・フォスター・ダレス。一九五三年の国務長官就任以来、ダレスは「大量報復戦略」や「瀬戸際戦略」を唱えて、冷戦を戦った闘士であり、ジョン・Ｋ・ガルブレイスの評価を借りれば、冷戦を、道徳的価値を守るための聖戦とし、「平均的な、隣人愛を大事にし神を恐れるアメリカ人の信仰（中略）の防衛」とした人物であった。ニクソンは病院を訪ね、末期ガンで入院していたダレスに会った。ダレスはニクソンにこうアドバイスした。「フルシチョフが平和的競争に賛成であると口にするときは、彼の側の体制と我々の体制の競争を、彼の世界でなく、我々の世界ですることを本当は意味するのだ。そうはいかないことを分からせてやるべきだ」と。ダレスはその会話の四日後に死去した。「ワシントンにおける一九五〇年代は、アイゼンハワーの時代ではなくダレスの時代であった」とガルブレイスは書いているが、五〇年代最後の年にダレスが亡くなったことは、そのことを象徴的に物語っているようにも思える。二人が親しかったことを考えると「皮肉なこと」であったかもしれないが、ダレスの死去により、ニクソンのソ連訪問はアイゼンハワー政権の対ソ強硬路線の慎重な方向転換を意味するとも考えられた＊8。

ただ、ニクソン自身が、何よりも「キッチン論争」で役に立ったと述べているのは、リップマンによる助言である。リップマンは準備を周到にし、フルシチョフの共産主義的宣伝のレトリックに打ち負かされないように、話す問題を限定し、あらかじめ自分の話すことを決めて、フルシチョフの持ちかける話題を逸らすディベート戦略を説いたという＊9。ニクソン自身がキッチン論争を成功であったと考えているため、多分に後知恵による解釈が加わっている可能性もあるが、リップマンの助言に従って、ニクソンは入念に準備をし、実際の論争でも、時には相手の話の腰を折ってでも論点を自分に有利な方向に向けようとしている。

ニクソン派遣を決めたアイゼンハワーもニクソンに助言をしている。それは「こちらが困った様子をみせるとソ連の連中は強硬に出てくるから、暖かい、軽いリラックスした雰囲気で臨む」ようにというものであった＊10。ただ実際には、ニクソンの態度は、「暖かい、軽いリラックスした雰囲気」とは言えなかった。

キッチン論争とは何だったのか？

（1）キッチン論争をめぐるテクスト

まず「キッチン論争は本当にあったのか?」と問いかけてみたい。これは逆説的な疑問である。むろんキッチン論争はあった。それは新聞・雑誌を賑わせたばかりでなく、テレビ放映もされている。しかし、あらゆる歴史的事件がそうであるように、キッチン論争にも多様なテクストと多様な解釈が存在する余地がある。その意味では、ある解釈に則ったキッチン論争は存在してはいるが、それだけが歴史的事実であるとは言えないだろう。

それでは、キッチン論争を歴史的に取り上げる場合、まずはどのテクストに優先的に依拠すべきなのか。当事者、とくにニクソンやその周辺の人物の記録や回想か、新聞での報道か、テレビ放映の内容か、あるいは公文書なのか。それぞれにむろん優劣はある。当事者の記録や回想は一級の資料であるが、同時に自己弁護や自己宣伝、不都合な事実の歪曲に満ちている可能性がある。公文書にも同様の問題が起こりうる。テレビの映像は現実を忠実に再現すると思われがちだが、実際には何らかの編集が加えられている可能性がある。キッチン論争のビデオには、実はキッチンで交わされたやり取りは録画されていない。そう考えて行くと、当時のアメリカ国民が記憶に刻み込んだような形でこの論争をもっとも忠実に再現しているテクストは、新聞報道と考えられる。さらに、報道とともに使用された写真、また新聞報道の後のテレビ放送(インターネットの普及以前には、テレビ報道が先で新聞報道が後であったが、このときは当時の技術水準から順序が逆になった)は、テクスト同士を補強しあって、この論争をアメリカ国民の記憶に刻み込んだといえるだろう。そこで、次にはこの論争を、新聞報道*11を基にして部分的に再現しながら紹介してみたい。

（2）新聞報道のなかのキッチン論争

論争のあった二十四日の午前中、二人はクレムリンからアメリカ博覧会会場に向い、まずゲートの前で嘲笑合戦を繰り広げた。時にニクソンは四十六歳。対するフルシチョフは六十五歳で、二十歳ほどの歳の差があった。

アメリカの対ソ連戦略物資輸出禁止措置に触れてフルシチョフは、「アメリカ人は貿易をする力を失ってしまったんだな。今では、君らは歳をとり過ぎてしまって、昔のようには貿易しないんだな。元気を付けてもらう必要があるな」とからかった。ニクソンは「あなた方には、貿易するための商品が必要ですよ」と応酬した。

二人は展示されていたモデルのテレビスタジオに入った。フルシチョフは「我々は平和と友好裡にアメリカ人と生きて行きたいと望んでいる」と述べた。フルシチョフは、米ソ二大国は、好戦的な国があればその耳を少し引っ張ってやって、核兵器の時代であるこんにちでは、戦いは許容されないと言うことができると話してから、突然ニクソンに訊いた。「アメリカは何年存続している？　三百年か？」。ニクソンは「百五十年」と答えた。

ニクソンの答えは、むろん間違いである。一九五九年の百五十年前だと一八〇九年で、独立宣言が発せられた一七七六年とは三十三年も差がある。イギリスがアメリカの独立を認めたパリ条約（一七八四年批准）から数えても二十五年違う。大雑把に答えたのだとしても、開きは大き過ぎる。ちなみにニクソンの回顧録などでは、この部分は「百八十年」と答えたことになっている。しかし、フルシチョフの質問の意図は、ニクソンの知識を試してあげつらうことではなく（フルシチョフ自身、あげつらうほどアメリカの歴史に詳しくはなかったろう）、アメリカが古い国であることを言わせて、アメリカの進歩の遅さを強調することにあった。フルシチョフは続けた。「百五十年か。ふうんそれで、アメリカは百五十年も存続していて、達したレベルがこの程度ということなんだな。我々は四十二年にもならないんだが、あと七年もすればアメリカと同じレベルに達するだろう。我々は追いつき、追い越して行くときに手を振るよ」と。フルシチョフは、経済分野でもソ連がアメリカを凌駕するという自信を示した。一つ興味深いのは、フルシチョフ、そして恐らくソ連の人々の当時の認識では、およそ四十二年前の一九一七年の十一月革命（当時のロシア暦では十月革命。ボリシェヴィキによる権力奪取）からソ連は始まっており、同じ年の三月革命（ロシア暦二月革命）で倒れたロマノフ朝のロシア帝国の伝統を継承する古い国ではなく、アメリカよりも新しい国なのである。

その後、フルシチョフは政治課題に触れて、アメリカ議会による虜囚国民週間（ソ連によって奴隷化された諸国民〔筆者注：東欧諸国を指す〕のために祈る週）の決定を詰《なじ》った。フルシチョフは非難をまくし立てたが、ニクソンは形勢逆転の機会をうかがっていたようである。フルシチョフが近くにいたソ連の労働者の腕を取って「この男が奴隷労働者に見えるか」と言って、ほかの労働者たちにも手を振りながら「こんな元気のある男たちがいて、いったいどうして我々が負けるだろうか」と気勢を上げると、ニクソンは展覧会の設営のために働いたアメリカ人労働者を指差して、「このような男たちがいて、我々は強いのである」と切り返した。

さらにニクソンは後で話し合う機会があるからと断わって、「あなたが提起した様々な論点にはコメントはしない、この一つを除いては」と述べ続けた。「このカラーテレビは、我々が持っているなかでも、もっとも進んだコミュニケーション分野の発展の成果の一つである」。ニクソンは、リップマンの助言に従って、あらかじめテレビスタジオの展示を前にして、このような話をすることを計画していたのだろう。ニクソンはさらに続けた。「あなたが我々を凌駕しようと計画しているこの競争が、我々両国の国民、あるいはあらゆる場所の人々に最善のことをなすことであるのなら、思想の自由な交流がなければならない。結局、あなたがすべてを知っているのではないのだから」。フルシチョフは負けずに言い返す。「私がすべてを知っているわけでないと言うのなら、君は共産主義について何も知らない。共産主義に対する恐怖感を除いてはね」。

ニクソンは言う。「あなた方が我々よりも進んでいる分野も幾つかある。たとえば、宇宙を探査するためのロケットの推進力の開発とかね。たぶん我々があなた方よりも進んでいる部分もある。たとえばカラーテレビだ」。ニクソンはまたカラーテレビを持ち出した。フルシチョフは、「いいや、いまではこの分野でも我々は君らに匹敵している。我々は一つの技術、また一つと君らに打ち勝ってきた」と切り返した。「しぶしぶでも負けを認めない人なんですね」とニクソンが言うと、フルシチョフは「私は決して降参しない」と告げた。

ニクソンとフルシチョフの言い合いはこのように続いたが、ニクソンはこのやり取りがテレビ放映されることを伝え、フルシチョフの発言も、一語ずつ英訳されることを請け合った。二人は相互の放送を約束した。しかし、後で述べるが、アメリカでの放映は問題含みだった。

さらに二人は言い合いをしながら、モデルキッチンの展示に向った。狭い意味では、ここでの論争が、キッチン論争と呼ばれる。キッチン論争という言葉には、キッチンについて論争をしたと同時に、キッチンで論争したという意味も込められている。

まずニクソンは、ニューヨークでのソ連側の家の展示（ソ連側もアメリカで展示会を実施していた）を誉めてから、「このキッチンをお見せしたい。カリフォルニアの私たちの家は、このようなものです」と、組み込み式操作パネル付きの洗濯機に注意を促した。フルシチョフは「我々もこのようなものを持っている」と答えた。

「これは最新のモデルです。家の中に直接据え付けるために、何千もの単位でこの種のものが製造されているのです」とニクソンは説明して、アメリカ人は女性達の生活をより簡便にすることに関心を持っていると付け加えた。一方、フルシチョフは、ソ連では人々は、そのような「女性に対する資本主義者的な態度は有していない」と言う。ニクソンは「このような女性に対する態度は普遍的なものだと思いますよ。私たちがしたいと思っていることは、私たちの主婦の生活をより簡便にすることです」と反論した。前に述べたようにここは、メイがジェンダー的観点から取り上げた箇所である。

ニクソンはこのようなモデルハウスが、一万四千ドルで購入でき、大多数の退役軍人が一万から一万五千ドルで家を買うこと、ストライキ中の鉄鋼労働者でも買えること、二十五年から三十年の長期ローンで費用がまかなえることなどを説明した。フルシチョフも負けじと、ソ連では鉄鋼労働者も農民もそのような家が買え、アメリカの家はまた家を売りつけるために耐久性がないが、自分たちの家は子供や孫の代まで長持ちする家であると反撃した。ニクソンは、アメリカの家には耐久性があるが、たとえそうでないとしても、アメリカのシステムは、新しい発明や技術を利用することを意図していると述べる。

それを聞いてフルシチョフは、ニクソンをからかった。「食べ物を口に入れて飲み込ませる機械はないのかね。君が私たちに見せてくれたものの多くは面白いが、生活では必要ないものだよ。これらには有用な目的がない。単なる物珍しい小道具だよ」。フルシチョフはある意味で資本主義的な「豊かな社会」の本質を、突いていたと言えるかもしれない。ガルブレイスがいみじくも指摘したようにアメリカは、需要が供給を生むのではなく、供給が需要を生む消費経済へと移行していたのである。

論争はさらに続いたが、ニクソンは別の場面でこうも述べている。「我々にとっては、多様性、すなわち選択の権利、私たちには千の異なる家を建てる千の建設業者がいるという事実が、もっとも重要なことなのです。一人の政府高官によってトップでなされた一つの決定しかないということは我々にはない。これが違いです」。これに対して、フルシチョフは切り返す。「政治的な問題では、君には決して同意はできない。たとえば、ミコヤン〔第一副首相〕はとても胡椒のきいたスープが好きだ。私はそうでない。しかし、だからと言って、そのことが私たちがうまくやって行けないことを意味するのではない」。なかなかウィットに富んだ返答である。ニクソンはまた多様な商品の優位性を蒸し返す。「あなた方は我々から学ぶことできるし、我々もあなた方から学ぶことができる。自由な交換がなければならない。人々に、人々が望む家の種類、スープの種類、思想の種類を選ばせましょう」。ニクソンはこうも続けた。「私たちには多くの様々な種類の製品がある。多くの様々な種類の洗濯機がある。だから主婦は選択することができる」。これはもちろん自由な商品選択の余地が限られている社会主義経済への反論である。

フルシチョフは、ニクソンが若い水着の女性をうっとりと見ているのに気付き、「君は女の子たちの味方でもあるんだ」と言った。ニクソンは無人の掃除機を指し示しながら、フルシチョフに「あなたには奥さんは必要ないですね」と返した。これにはフルシチョフも笑った。

ニクソンは続ける。「私たちはロシアの人々を驚かせると言いたいのではありません。私たちは自分たちの多様性と選択の権利を示したいのです。すべての家が同じ方法で建築されるべきであると言う政府高官がトップでする決定を、我々は望んではいない。ロケットの力を争うよりも、洗濯機の優秀さを比較して競争する方が良くはありませんか。これがあなたが欲する一種の競争でありませんか」。これに対して、フルシチョフは率直にこう答えた。「そうだ。それが我々が欲する一種の競争だ。しかし、君らの将軍たちはこう言っている。『ロケットで競争しよう。我々は強い。我々はあいつらを打ち負かすことができる』。しかし、この点でも、我々は君らにちょっとしたものを示すことができる」。

この後も、二人は政治的課題も交えて一進一退の議論を続けたが、少なくともアメリカでの報道を読む限りでは、ニクソンはこの討論で、フルシチョフと対等、あるいはそれ以上に渡り合ったという印象を受ける。先にも述べたようにニクソンは、このモスクワ訪問、なかでもキッチン論争で名を揚げて、共和党の大統領候補となる地歩を固めた。訪問に同行した記者も、この訪問でニクソンが大統領選に向けて足がかりを得たと書いた。通常、副大統領はその儀礼的な職務に時間を取られるので党内で大統領候補となるのに苦労するが、ニクソンはこの訪問で十分過ぎるほどメディアの注目を集め、共和党内のライバルであったニューヨーク州知事ネルソン・ロックフェラーに対抗することができたのである。また上院でも、この「言葉による決闘」で、ニクソンの評価は超党派で高まった。ニクソンはこの訪問の一年後、一九六〇年七月二十八日に共和党大統領候補の指名を受けて受諾演説をするのだが、その演説のなかにもこの訪問の経験が盛り込まれた*12。

キッチン論争の表象

（1）文化的聖像としてのモデルハウス

先に見たように、キッチン論争でニクソンが中心的な話題としようとしたのは、郊外型のモデルハウスであり、そこに置かれた数々の最新式の家庭用電気製品であった。ソ連側の報道は、このモデルハウスを「タジマハール」と呼び、アメリカの平均的な家族が実際に住んでいる家を代表するものでないと主張した。しかし、ニクソンにしてみれば（そして大多数の中流以上のアメリカ人にとっては）、それは、多少贅沢ではあるとしても、身近な現実に目にすることのある家だった。メイは「ニクソンにとっては、郊外の家のもっとも重要な特徴は、あらゆる階級のアメリカ人が手に入れることができることにあった」と述べている*13。計画段階で恐らく意図したことであろうが、贅沢な邸宅ではなく、アメリカ人なら誰もが手に入れることができるようなモデルハウスを展示することによって、アメリカが平等で豊かな社会であることを印象付けることができた。繰り返しとなるが、アメリカはミサイルでなく、平均的な国民の生活の豊かさを示すことによって、東西対立のなかでの自由主義・資本主義陣営の優越を示そうとしたのである。モデルハウスは、対外的にはミサイルや核兵器と同じように「心理戦としての冷戦」を有利に押し進める意味を持っていた。

さらにモデルハウスは、この冷戦下のアメリカの文化的聖像《アイコン》でもあったと言えるだろう。それはアメリカ的生活様式の象徴であると共に、アメリカ国内では共産主義の封じ込めの役目も果たしていた。「鉄鋼労働者でも買える郊外の家」は、労働者とホワイトカラーの階級対立を打ち消す効果を持っていた。また、家を所有し、家庭を持つことは、階級対立を煽る共産主義に対する防波堤の役割も果たす。メイも指摘しているように、自宅を所有することは、労働者階級の階級意識を減じ、労働者に中産階級の理想を目標として設定することを可能にさせ、その上昇志向を刺激した。さらにそれはまた「ジェンダーの区別を強調する」結果ももたらした。外で働く男性は、家（そして家庭）を所有し、そこに消費財を集めることによって自らの成功を示すことができ、家庭にいる女性は、そのような商品に囲まれて、家事の負担を軽減され、満足している。少なくともそのはずであった。いささか皮肉な見方をすれば、アメリカの拡張を続けてきたフロンティアは、ここで方向転換をして、「アメリカの家の屋内に、新しい技術によるテレビ、洗濯機などを蓄えることへと移動」したとも言えるのである*14。家庭がアメリカの新しいフロンティアになったのである。

（2）キッチン論争は、なぜ有名になったのか？

キッチン論争は、なぜ有名になったのだろうか。テクストを追うと、他の名称で喧伝されてもおかしくなかったように思われるが、なぜ「キッチン論争」と呼ばれるようになったのであろうか。幾つかの理由が考えられる。

まずは、この論争を伝えた写真の影響が大きかったのではなかろうか。キッチン論争が紹介された『ニューヨーク・タイムズ』紙の大見出しは、「アメリカ博覧会開会、ニクソンとフルシチョフが人前で議論――双方の脅威を非難」となっている。論争の内容を伝える記事の見出しも「二つの世界——一日がかりの討論」である。見出しには「キッチン論争」という言葉は見あたらない。しかし、大見出しの下にはモデルキッチンの展示を前に手すりに手を置いて議論する二人の写真がある。写真の右側には、半開きとなった前開き式の自動式洗濯機があり、システムキッチンの一部であることが分かる。写真の向って左にいるフルシチョフの視線は、キッチンの方に向いている。その右隣りにいるニクソンは、視線はそちらに向けながら身体はフルシチョフの方を向いていて、いかにも説得している様子に見える。後ろには通訳や多数の報道関係者が群れをなしていて、偶然だが後にフルシチョフを失脚させて実権をにぎるブレジネフがニクソンのちょうど右後方に写っている。論争の様子を直に伝える写真として、この写真は多くの新聞の一面を飾り、論争の中味とあいまって、強い印象をアメリカ国民に与えたと思われる*15。

しかし、この論争が有名となったもう一つの理由は、文字通り、論争の舞台とそのトピック、またそのやり方が普通でなかったからであろう。この論争は、場面によってはエスカレートして、かなり率直なやり取りがなされた。『ニューヨーク・タイムズ』紙は、二人の「かまびすしい議論」を「これはおそらく、戦後、もっとも仰天させられる個人的な国際的事件であった」と書いた*16。例えば、ニクソンが米ソ関係とは関係ない文脈で「最後通告」という言葉を口にしたとき、フルシチョフは過敏に反応して、激昂している。「誰が最後通告をするんだって？」とフルシチョフは訊き、ニクソンがそのことは後で話そうとその場を取り繕おうとしても黙らず、ニクソンが弁解を言うと、顔を真っ赤にしてニクソンの面前で指を振って怒りを顕わにした。「それは私には脅迫のように聞こえる。我々もまた大国だ。君らは我々を脅したいのだな。我々は脅しには脅しでもって応える」。ニクソンは「そんなことが言いたかったのではない」と話題を逸らしたが、かなりフルシチョフは興奮していた。「間接的に脅そうとしたのだ。しかし、我々にだって脅迫の方法はある」。ニクソンは友好的な調子で「誰が脅したいと思うでしょうか」と言ってとりなした。こういう場面は他にも見受けられる。

このようなエキサイトした場面がこの論争を有名にしたと言えるが、アメリカ人の記憶に刻み込まれたのは、おそらくはニクソンの攻撃的な仕草を写した写真である。その中でニクソンは仏頂面をしているフルシチョフを前にして、その背広の胸のバッジに向けて、人差し指を突き付けている*17。これは外交上、かなり異例な光景である。これまでも見てきたように、実際の言葉のやり取りでは、フルシチョフの方がはるかに攻撃的であるし、フルシチョフは独特のボディランゲジーで相手を挑発したり威嚇することに長けていた。しかし、この写真ではニクソンが野放図なフルシチョフをやり込めているように見える。この論争をめぐる表象の世界では、一枚の写真が強烈なインパクトを及ぼし、ニクソンの頑張りを印象付けたのである。

もう一つ、忘れてはならないのは、テレビ放映である。実況中継は無理であったが、このアメリカ博覧会での二人のやり取りは、その詳細が新聞記事で明らかにされたその日と翌日にNBCなどの複数のネットワークでテレビ放映された。『ニューヨーク・タイムズ』紙には、論争の詳細を報じた記事の脇に放送予定の記事がある。テレビ放映への関心は非常に高まったに違いない。実際、放送は大きな反響を呼んだという。新聞の記事があり、それをテレビ放送が補強して、この論争の記憶をアメリカ国民に定着させる役割を果たしたことは想像に難くない。しかし、テレビ放映されたと言っても、前にも述べたように正確に言うとキッチンでの論争部分はテレビには収められていない。テレビで放映されたのは、モデルキッチンの前のモデルのテレビスタジオで収録されたもので、十六分半に及ぶ*18。

このビデオの一部、ちょうどニクソンがロケットの推進力ではソ連が進んでいるがカラーテレビなどではアメリカが進んでいると述べて、フルシチョフがロケットでは勝ったし、テレビでも追い抜いてみせると反論するシーンでは、長身のニクソンと小太りで背の低いフルシチョフがスタンドマイクの両脇に立っている。ニクソンは明らかにカメラを意識しながら、マイクに向って喋っている。一方、白い帽子をかぶったフルシチョフは、カメラなどはおかまいなしに、ニクソンの方に身体を向けて、ロシア語でまくし立てている。テレビ放映のなかの論争の様子を描写した新聞記事は「フルシチョフ氏は手を使って無遠慮に振るまい、ニクソン氏はにっこりと微笑み返した」と書いている。むろん受けとめ方は人によって千差万別だろうが、ニクソンはフルシチョフをうまくあしらった印象を与える。時には身振り手振りのような非言語のコミュニケーションの方が、人々にメッセージを強く伝えることがある。ニクソンにとってテレビ放映はプラスに働いたと言えよう*19（後に逆のことがケネディとの大統領選挙のテレビ討論会で起こる。ケネディがテレビ映りでニクソンにまさったのである）。

実はこのビデオテープは、ソ連の税関の目をごまかして、アメリカに持ち込まれたものだった。熱い戦いのない戦争として遂行された冷戦では、宣伝戦と情報戦が重要な要素を占めた。このビデオテープの放映には、実際スパイ映画もどきのドラマがあった。まず、フルシチョフは放映には同意していたが、発言部分の翻訳のチェックなどもあって、放映を遅らせるように要請していた。しかもニクソンとフルシチョフは、米ソ同時放映で合意していたのである。そのようななか、テープはモスクワにいた民間の録画会社の副社長の手で持ち出されたのだが、ソ連の税関で発見されれば没収される可能性が高かった。そこでこの副社長は、税関でテープのリールを引き抜いて汚れたワイシャツでくるんで紙袋に入れ、税関職員の検査をすり抜けたのである。ニクソンはフルシチョフの発言を完全な翻訳付きで放映することを約束しており、ソ連側の抗議もあって国務省も放送局に圧力をかけたが、放送局は「特ダネ」を見送らず、論争の翌日にソ連側のチェックも受けずにこのビデオテープは放映となった*20。

新聞報道、テレビ放映に続いて、アメリカの商業主義も、この論争を有名にするのに貢献した。全米最大級のデパートのメーシーズは、七月二十八日付の『ニューヨーク・タイムズ』紙に一面広告を掲載した。その大見出しは「キッチンでの会議（Conference）」であった。広告では、ニクソンとフルシチョフが洗濯機を前に議論をする写真が紙面のおよそ半分を占め、脇には博覧会場へと列をなす人々の写真と、メーシーズがモデルハウスで担当した内装・家具の写真があった。この宣伝のコピーは「これはあなたのキッチンにもなります」で、その内容もウイットに富んでいた。というのは、アメリカ人労働者は、たとえ五千ドルをポケットにしていてもこのような家具は買えないというタス通信の報道に反論をするものだったからである。この宣伝では、国務省の依頼でメーシーズが、四九三八ドル一九セントで内装品と家具、さらに薬入れとアスピリンまで揃えたことを示して、この内装品や家具、GE製のキッチンなどに並外れたところはないことを強調している。アメリカのどこでも何千もの同様の家具を目にすることができると述べ、ソ連側に当てつけるように宣伝には「とくにメーシーズでは、あなたの選択の自由は非常に大きい」と書かれていた*21。冷戦期には民間の宣伝・広告も、冷たい戦いに動員されていたのである。

次にはキッチン論争のジェンダー解釈を明らかにするが、その前にジェンダーという概念を検討してみたい。ジェンダーは歴史研究に新しい視点を提供したが、同時に論者、あるいは時代によってその意味するところが相違していて、捉えがたいことも多い。本稿では「社会的・文化的につくられた男女の性別」という意味で使うが、ジョーン・W・スコットが言っているように、ジェンダーは女性と同義語のように使われることもあれば、単に女性の問題を取り上げ、浮き彫りにしていることを示すための方便のように使われることもある。さらに、歴史的変化を明らかにするような「理論」に組み込んでジェンダー概念を用いることもある。家父長制の理論、マルクス主義フェミニストの理論、あるいは精神分析学の諸理論などである。しかし、歴史を理論で説明しようとするときには、常にある種の単純化がつきまとう。スコット自身、ジェンダーを「肉体的差異に意味を付与する知」と定義し、その知のあり方自体を問い直し続けてきたが、後にはジェンダーという概念の恣意的な濫用にうんざりして距離を置くようになったという*22。

ジェンダー解釈とキッチン論争

（1）ジェンダーとは？

本稿で取り上げているメイの著作は、一見すると何の関係もないかに見える冷戦とアメリカの家族の関係に、ジェンダー概念を通して繋がりを見出している。その分析において常に意識されていたのは、第二次大戦後のアメリカにおける男女それぞれの伝統的な役割への回帰である。単純に言えば、外で稼ぎ手として働く夫と、家庭でのホームメーカーである妻という役割分業に焦点が当てられている。そこで、本論考におけるジェンダーの定義は、スコットから見れば古いかもしれないが、先に述べたように「社会的・文化的につくられた男女の性別」とした。その方が、他の文献も含めて、本論考のなかでは理解しやすいと思う。従って、ジェンダーロールは、社会的・文化的につくられた男女の性別役割という意味で用いる。

(2) メイによるキッチン論争の解釈

歴史家イレイン・タイラー・メイは、キッチン論争、なかでもニクソンの言説を、ジェンダーの観点から再構築して見せた。キッチン論争でのニクソンの言説は、ジェンダーロールという観点から再検討されて、これまでとはまったく違ったコンテクストで論じられることになったのである。その著書『ホームワード・バウンド』の第一章「家庭への封じ込め——冷たい戦争と暖かい暖炉」の冒頭で、キッチン論争を短く紹介してから、彼女はこう書いている。「ニクソンにとっては、現代的な家庭用電気製品と家族の成員の明確なジェンダーロールを完備した、郊外家庭の理想に、アメリカの優越性があったのである。彼は、男性の稼ぎ手と女性のフルタイムのホームメーカーがいる、おびただしい数の消費財で飾られた『モデル』ホームが、アメリカの自由の本質を代表していると宣言した」*23。

先に検討してきた論争に明らかなように、ニクソンはこの論争のなかでジェンダーロールについては明確に触れてはいない。しかし、その発言が家庭に主婦がいることを前提にしていることは読み取れるので、このような解釈は誤りとは言えないだろう。メイは、ニクソンが家庭用電気製品に焦点を当てたのは偶然ではないと考え、「ニクソンは、冷戦におけるアメリカの優越性は、武器にあるのではなくて、現代的な郊外家庭での安全で、豊かな、家族生活にあると主張した」と書いている。さらにメイの解釈では、この舌戦におけるフルシチョフに対するノックアウトパンチは、「アメリカ人の戦後の家庭的な夢——豊かな郊外の家庭で魅力的なホームメーカーを支える成功した稼ぎ手——を表明したこと」であった。ニクソンのソ連訪問が政治的な勝利と誉めそやされ、ニクソンの政治的な将来が切り開かれたことを指摘してメイは述べる。「明らかに、アメリカ人はこのキッチン論争を取るに足らないものとは思わなかった」*24。

別の章でメイはこうも言っている。「住宅と必需品のブームはまた、とてつもない政治宣伝の価値を持っていた。というのは、稼ぎ手とホームメーカーを完備した豊かな家庭こそが、アメリカ的生活様式の優越性の証拠を提供していたからだ」と。さらにメイはこう続けている。「冷戦の多くは、政治宣伝の戦いとして遂行されたので、この家庭生活のヴィジョンは強力な武器であった。女性たちは兵士であることをそう意識してはいなかったかもしれないが、自分たちの新しい家に必要な装備をするためにこの国のショッピングセンターを行進する女性たちは、アメリカの冷戦戦士の仲間入りをしていたのだ」*25。伝統的なジェンダーロールに忠実でありながら、新しい生活様式にも順応したアメリカの主婦は、アメリカの「冷戦戦士」とまで呼ばれている。

メイの分析のこの部分は、いささか誇張かもしれない。しかし、モデルハウス、家庭用電気製品と共に家庭の主婦も、政治宣伝の道具となりえたのである。少なくとも、別の研究者が指摘しているように、「きらめくばかりに十分に必需品を備え付けたキッチンに封じ込められ、アメリカ人の主婦たちは、アメリカの資本主義の優越性の口紅をつけたシンボルとして機能した」のである。ただ、それはあくまでもシンボリックなレベルに留まっていたに過ぎないとも言えた＊26。

同時にここで取り上げられた、人々が購入する必需品は、メイによれば「家庭生活を強化し、伝統的なジェンダーロールを支えるものだった」。つまり、「アメリカ人女性とは主婦のことであり、彼女たちの生活は装飾的なばかりではなく、実用的であった。一般に、男性の稼ぎ手が家財を賄う収入を提供することが期待され、その妻たちはそれらを購入することが期待されていた」のである。メイの指摘では、戦後の世論調査でも、男女とも女性の雇用には反対しており、家庭を切り盛りする女性の方が「より楽しい時を過ごす」と考えられていた。一方で、この消費主義の浸透により、夫の収入だけで生活必需品を買うことができない家庭では、主婦が就労することになった。実際、それだけが理由ではないにしろ、戦後から六〇年代にかけて、働く主婦の割合は高まっている。しかし、その場合でも、働く主婦の多くは仕事を第一とは考えていなかったという＊27。

メイはこの時期にアメリカの家族に起こったこのような現象を、「家庭への封じ込め」と表現した。次にはこの「家庭への封じ込め」について、検討してみたい。

「家庭への封じ込め」とは何だったのか?

この一九四〇年代後半から五〇年代の「家庭への封じ込め」を考えるときに、一つ注意すべきことは、メイの分析では、封じ込められたのは女性ばかりではなく、男性もそうだったことである。男性は確かに家庭の外で働いてはいたものの、心理的な安心の拠り所を家庭に求めていた。それには核戦争の恐怖も影響していた。

この「家庭への封じ込め」という概念には疑問が無いわけではない。この概念を検討したある研究は、この概念を「適切な暗喩」と認めながらも、次のような問題点を指摘している。一つの問題点はメイの分析が、中産階級の白人家族の分析を主としていたことである。これはメイが依拠した調査に起因するところが大であると思われるが、調査では労働者階級、黒人あるいはヒスパニック系の人々にはあまり触れていなかった。また、当時の若い女性たちの多くは期待された役割に従順で「封じ込めの範囲内」で行動したが、そこから脱する女性たちもいた。多くの歴史家が指摘しているように、既婚の子持ちの女性も含み、ホワイトカラーの事務仕事に就く女性の数は、戦後、増大していた。彼女らは就業理由として、知的刺激、個人的な満足、あるいはお金を稼ぐといったことは表に出さず、義務とか自己犠牲と言った家族的な理由を挙げたが、実際には働くことは「正気でいる」ためでもあったという指摘もある*28。

また、この時代には、実地に国際関係に、とくにアメリカ政府の政策を補完するような形で積極的に関わった民間の女性団体もあった。アメリカの女性たちは「封じ込め」られていただけではなく、アメリカによるソ連の「封じ込め」に協力してもいたのである。一般的には、一九五〇年代にアメリカの女性たちは不活発で政治にも無関心であったと言われているが、アメリカの女性団体は国際的なシスターフッドを説いて積極的に活動していた。さらにそれらの団体の多くは、アメリカの優越性を前提とし、それを追求していた。興味深いことに、女性団体は、冷戦の激化に伴って、ジェンダー化されたアイデンティティに基づく国際主義的な立場を弱め、政府の冷戦政策に沿った主張をするようになる。たとえば、アメリカの有力な女性団体である全米女性評議会（NCW）は、早くも一九四七年にトルーマンドクトリンの発表を受けて積極的な支持を表明していたし、アメリカ大学女性協会（AAUW）や女性投票者連盟（LWV）といった団体も、一九五〇年代には反共主義を鮮明にするようになり、ためらいがちではあったにしろ「冷戦戦士」の列に加わった。一方で、アメリカの女性団体は、国際的な平和運動には懐疑的で、それらをソ連が主導するものと見なしていた*29。いずれにしろ、これらの団体の活動を通して見ると、アメリカの女性は家庭に封じ込められていただけとは言えないのである。

さらに、この「家庭への封じ込め」をソ連の封じ込めと同列には論じられないという意見もある。というのは、外交上の封じ込め政策は、その初期にはとくにそうであるが、敵の拡張を遮ることを意図しており、その敵とアメリカは共存することもありえたが、この「家庭への封じ込め」では、戦後のジェンダーや性の監視に関連して、性的少数者である同性愛者に対して汚名の烙印と抑圧がおこなわれ、ほとんど平和共存の余地はなかったというのである*30。男女のジェンダーやその役割の問題とは別に、男女のジェンダーに収まり切らない人々、なかでも男性同性愛者は、冷戦の初期段階で反共主義者の第一の標的となった。彼らは、ソ連の手先の脅迫によって容易に情報提供者になってしまうと信じられ、一九五〇年代初頭には、国務省、軍、あるいは他の政府機関からパージされた。さらに、彼らは冷戦の戦士としては、性格に欠点があるとされ、また保守派の政治家や右派のイデオローグは、同性愛をアメリカを内側から弱体化させるために共産主義者が広めた感染症のようなものと説いた。一人のホモセクシャルでも、組織全体が汚染される。そこで連邦、州、あるいは市町村レベルでも、男性同性愛者を弾圧することは、「共産主義との戦いにおける、さらにもう一つの封じ込め行為」となったのである*31。

一方で、「家庭への封じ込め」により、自発的にせよ、社会的規範に不本意ながら沿うような形にしろ家庭へおさまっていた「幸福な主婦」の側からも、不満の声が挙がる。先に言及したフリーダンの『女らしさの神話』は、その代表格で、郊外の「幸福な主婦」像を一変させた。この著作はフリーダン自身がそのような専業主婦の一人であるということで説得力を持ったとも言われるが、最近の研究では、彼女は執筆当時はそうであったが、それ以前はかなり熱心なフェミニストであり、急進的な労働組合新聞の記者であったことが明らかになっている*32。さらに、興味深いのは、その後そもそも「幸福な主婦」が歴史的に存在したのかということが問われていることである。それはたとえばロールモデルに過ぎないと言うこともできるだろうが、「幸福な主婦という文化的な聖像は、ロールモデルと言うよりも、広告業者のダミーであった」という見方もある。メディア時代の歴史家は「社会全体を定義付けるために、広告のイメージを利用し過ぎ」たというのである*33。さらに、この「幸福な主婦」像が長らえたのは、それを押し進めようとした人々よりも、それを批判した人々、なかでもフリーダンに責任があると主張する向きもある。先にも指摘したように、五〇年代の女性が皆、政治に無関心であったわけではないし、フリーダンが依拠した調査でも家庭外に関心を持ち、なおかつ家族に満足している女性の割合は非常に高かった。それなのにフリーダンは、たとえば女性の政治的な意見表明の場であった自発的な女性組織の重要性を曖昧にしてしまったと言うのである*34。他にも、すでに一九五〇年代には、女性の自己主張は高まっており、アメリカの戦後の豊かさは、個人的な自己実現に向けての大きな期待を男女ともに抱かせていたという指摘もある*35。いずれにしろ、フリーダンの著作があまりにもセンセーショナルで影響力をもったため、「内心では不満を抱く郊外の主婦像」は事実として歴史的に定着してしまったが、歴史家たちはその見直しを始めている。一方、フリーダンは、第二派フェミニズム運動の主導者の一人だったが、運動が急進化すると、そのような急進派から距離を置くようになり、男性を敵視するのでなく、男性と協力することを主張するようになる。

ニクソン対ケネディと「男らしさの危機」

先にも書いたように、この時代に家庭に封じ込められたのは、女性ばかりでなく、男性もそうであった。このことは、男性優位の社会にあって、一面では「男らしさの危機」としても捉えることができた。実際、ニクソンの「キッチン論争」の前後の時期には、「豊かな社会」が男性を軟弱化させ、来るべき「超軍事化社会」にアメリカ人男性たちが適応できないのではないかという懸念が表明されていた。ニクソンのキッチン論争がアメリカで報じられた二週間後の『サタディ・イヴニング・ポスト』誌で、従軍記者として日本海軍との戦いについて書いたこともある著名な軍事記者ハンソン・W・ボールドウィンは、アメリカ人男性の肉体的および体質上の「軟弱さ」を指摘し、「何年も保護的な環境で育ってきたアメリカの男は、自らの知力、進取の才、そして腕力で生き抜いてきた野蛮人たちと張り合うことができるだろうか。自分の国のために戦う意志を保ち続けるだろうか」と書いた。ボールドウィンは、愚鈍で、強い動機も持たず、いつも座ってばかりいて、コミック本を読む、物質的な満足と行き過ぎたレジャーで衰弱しているアメリカの青年が、「野蛮人たち」を防ぐことができるか疑っていた*36。

このような男らしさの危機を背景として、一九六〇年大統領選でケネディは、ニクソンが飛躍するきっかけとなったキッチン論争をまさに逆手に取って攻撃材料とした。ケネディはこんな演説をした。「そして彼〔ニクソン〕は、ソ連で、キッチンでフルシチョフ氏と議論をして、宇宙では我々は遅れているかもしれないが、カラーテレビでは間違いなく先を行っていると指摘した。ニクソン氏は、キッチンでの論争には大変経験がおありのようだ。しかし、私が知っているとても多くの既婚の男性もそうなんだがね」。これはむろん皮肉であり、家で妻と言い争いをするような家庭的な、ある意味では飼いならされた男性というイメージをニクソンに与えようとしたものである。そうして、ケネディはさりげなく自らの「貴族的な男らしさ」を示そうとしたとも言えるだろう。ケネディはさらに続けた。「しかし、我々を〈葬り去る〉というフルシチョフ氏の決意がほんのわずかでも衰えたと、これらの議論や討論のすべてをひっくるめても、一瞬でも思った人がいるだろうか」。ケネディは、上流階級出身で、当時のエリート的な男らしさのイデオロギーを身につけており、中産階級のホワイトカラー男性が女性化しているという文化的な不安を抱いていたと言われる。そんなケネディには、キッチン論争は女性化を示す格好の標的だった。ケネディはこうも言った。「私なら自分のテレビを白黒にしてでも、世界で一番大きなロケットを持ちたいね」*37。もちろんこのような発言が、ケネディの勝利にどの程度、貢献したかは分からない。

しかし、「キッチン論争」の内容よりも、その論争でニクソンがフルシチョフをやり込めようとしたことが、この僅差の大統領選を左右する要因の一つとなったということは言えるかもしれない。と言うのは、フルシチョフはニクソンに対して強い敵意を抱くようになり、そのことが大統領選に多かれ少なかれ影響したと考えられるからである。フルシチョフは、「あのリチャード・ニクソンの下司野郎」と呼ぶくらいニクソンを嫌っていた。ニクソン嫌いの理由は、恐らくモスクワ訪問でのニクソンの健闘と、裏を返せばフルシチョフの失点にあったと思われる。ニクソン自身が述べているように、フルシチョフの敵意はかなり執拗で、一九五九年九月のアメリカ訪問の際にも、フルシチョフはニクソンを対決路線に固執していると攻撃した。この訪問でフルシチョフ自身はアメリカで人気を博したが、記者団にはニクソン嫌いを印象付けた。これをニクソンは、翌年の大統領選を意識したものだったと見る。フルシチョフの言動は効果を発揮し、ニクソンではフルシチョフとうまくやっていけないという内容の記事が幾つかのアメリカの新聞に掲載された。それが大統領選に影響したと、ニクソン自身は信じていた＊38。

軍事が変えたアメリカ？　冷戦と郊外の関係

先に述べたように、キッチン論争では、郊外のモデルハウスがアメリカ側の宣伝の武器になった。それではこの郊外は、どのようにして生まれたのだろうか。この郊外を生んだのは、第二次世界大戦の帰還兵に対するローンであったとも言われる。戦後の郊外化の理由を探った著作のなかで、郊外化を促したもっとも重要な要因として挙げられているのは、連邦政府機関による住宅向け貸付の自由化、とくに帰還兵に対する貸付の自由化だった。アメリカの復員軍人庁は、低利でしかも二十五年から三十年にわたる長期のローンの信用保証を始め、銀行はそのおかげで、それまで見向きもしなかった中流や中下流の人々に貸付をするようになった。そこに郊外の開発業者も目を付けた。こうして郊外化が急速に進んだのである。さらに連邦政府は、道路を整備して、郊外化を促進した。一方で若い夫婦にとっては、郊外の住宅は、都市部の住宅と比べて手頃で核家族向きでもあったし、都市部には開発に適した土地も少なくなっていた。さらに結婚ブームと好景気がこれらを後押しした＊39。ある意味では帰還兵に対する政策が引きがねとなって、これだけ大きな社会変動が引き起こされたとも言えるのである。

それでは冷戦は、アメリカの郊外化とどう関係するのだろうか。冷戦下では、核攻撃の目標となりうる都市中心に居住地や産業を集中させることは好ましくないと考えられ「集中排除による防衛」が説かれた。また、州間道路も核攻撃が予想される主要都市からの避難のために整備された＊40。冷戦は実のところ、アメリカの文化や社会に、想像以上の変化を促したのであり、冷戦が終わったいまでもその影響は残っているのである。

むすびに代えて

ニクソンのモスクワ訪問では、キッチン論争の他にも、ジェンダーに関連する出来事が起きていた。ニクソンとフルシチョフの会談に、同行した夫人たちが参加したのである。それは七月二十六日のフルシチョフの別荘での昼食の後のことであった。『ニューヨーク・タイムズ』紙は、この「恐らく外交史上最初の男女混合の四者会談」は、アメリカの女性投票者たちを喜ばせたと書いた＊41。ニクソン夫人パットは「ハイヒールを履いた外交官」として称賛された。もっともこの「四者会談」（実際には四者ではなく、ソ連側の高官とその夫人たちもいた）は、偶然からで、昼食が終わったのかどうかも分からないうちにフルシチョフが話を始めて止まらなくなり、夫人たちは席を立つ機会を失ってしまったというのが実情である。フルシチョフはかなりニクソンにまくし立てた。一方、パットは、六時間の間、言葉を発せずに座っていた。そのことが新聞では称揚されたのだが、それは従順さを示した故であった*42。しかし、パットは、長い議論の終わりになって、冗談としてソ連側の夫人たちに「彼らは、女性たちにこの問題を解決させるべきだわ」と話しかけたという。いささか意外なことに、ソ連のコゾロフ副首相の夫人は賛同して、「そうよ。彼らは女性たちにそれをさせるべきよ」と答えた*43。それは当時は思いもよらないことであったが、六十年を経て、多くの国で女性指導者が誕生し、女性首脳同士の会談もまったく珍しくなくなった。パットの冗談は、今では冗談にはならない。政治・外交のみならず、軍事分野でもこんにち、アメリカの女性は、口紅を付けたシンボルとしての冷戦戦士ではなく、本物の兵士として実戦で戦っている。ジェンダーロールはこの半世紀以上で、男性に向いているとされてきた政治・外交、さらに軍事といった世界でも、大きく変わったのである。

付記――本章は拙著論文「キッチンをめぐる戦争――冷戦とジェンダー」(『軍事史学』第四十三巻第二号、二〇〇七年九月)二六～四九頁を基に加筆修正を加えたものである。貴重な御助言を下さった軍事史学会関係者に感謝したい。

*註

1 "A Debate of Politicians," *New York Times*, 25 July 1959, p 3; "Nixon Performance Is Praised in Senate," *New York Times*, 28 July 1959, p. 10.

2 日本では新聞で「台所論争」という訳語も当てられた。例えば「ケンカでなく話合い　台所論争で両首脳語る」（『朝日新聞』一九五九年七月二十七日夕刊、三版）。また「台所会談」とも呼ばれた。「〝台所会談〟放送裏ばなし」（『朝日新聞』一九五九年七月三十日朝刊）。さらに Debate には討論という訳語も当てられる。当時よりもキッチンという言葉が一般化したのと、事前にテーマを絞って討論したことでもないので、本稿では「キッチン論争」とした。

3 Elaine Tyler May, *Homeward Bound: American Families in the Cold War Era* (New York: Basic Books, 1988). メイは、ミネソタ大学歴史学科教授で、アメリカ研究、歴史を専門としている。Betty Friedan, *The Feminine Mystique* (New York: Norton, 1963) 邦訳、ベティ・フリーダン『新しい女性の創造』（改訂版）三浦富美子訳（大和書房、二〇〇四年）。

4 Bela Kornitzer, *The Real Nixon: An Intimate Biography* (New York: Rand McNally, 1960), p. 293. この著作はニクソンの初期の伝記で、一九六〇年三月に出版された。ニクソンの母親が協力しており、大統領選挙向けと思われる。

5 Peter J. Kuznick and James Gilbert, "U.S. Culture and the Cold War," Peter J. Kuznick and James Gilbert, eds., *Rethinking Cold War Culture* (Washington: Smithsonian Institute Press, 2001) p. 2.

6 Margot A. Henriksen, *Dr. Strangelove's America: Society and Culture in the Atomic Age* (Berkley: University of California Press, 1977) pp. 193-96, 200-1.

7 United States Information Agency のことで、米国文化情報局、米国海外情報局とも訳されることがある。後に国際交流局へと改組された。

8 Richard Nixon, *The Memoirs of Richard Nixon* (New York: Grosset & Dunlap, 1978) pp. 203-5,

邦訳、リチャード・ニクソン『ニクソン回顧録　第三部　破局への道』松尾文夫・斎田一路訳（小学館、一九七九年）、三四七〜四八頁。該当部分は抄訳。リチャード・ニクソン『ニクソン　わが生涯の戦い』福島正光訳（文藝春秋、一九九一年）一九一〜九二頁。ちなみにニクソンが二人目に挙げた助言者はイギリス首相ハロルド・マクミランで、ニクソンにフルシチョフを同列に扱うことを助言した。**John Kenneth Galbraith, *The Age of Uncertainty* (Boston: Houghton Mifflin, 1977) pp. 235-40,** 邦訳、ジョン・K・ガルブレイス『不確実性の時代』都留重人監訳（ティビーエス・ブリタニカ、一九七八年）三一八〜三二四頁。Nixon, *Memoirs*, p. 204, 邦訳〔抄訳〕、三四八頁。ダレスの死去の皮肉な結果については、Kornitzer, *The Real Nixon*, p. 294.

9 ニクソン『ニクソン　わが生涯の戦い』一九一〜一九二頁。

10 ジョン・ルイス・ギャディス『歴史としての冷戦——力と平和の追求』赤木完爾・齊藤祐介訳（慶應義塾大学出版会、二〇〇四年）三九五頁。

11 *New York Times*, 25 July 1959 には、この論争について様々な記事があるが、一番忠実に論争を再現していると思われるのは、"The Two Worlds: A Day-Long Debate" (pp. 1, 3) という記事である。これは同紙、ＡＰ、ＵＰＩ、ロイターの特電をまとめたものである。したがって、以下の記述は特に断わらない限り、この記事を基にしている。なお、ニクソン関係の文献としては邦訳では、ニクソン『ニクソン回顧録　第三部　破局への道』、ニクソン『ニクソン　わが生涯の戦い』と、さらにリチャード・ニクソン『指導者とは』徳岡孝夫訳（文藝春秋、一九八六年）一九一〜二四三頁を参照。英語文献では、Richard M. Nixon, *Six Crises* (New York: Doubleday, 1962); Nixon, *Memoirs*; Kornitzer, *The Real Nixon* を参照。

12 James Reston, "Nixon's Visit Assessed," *New York Times*, 27 July 1959, p. 10; James Reston,

"Nixon's Political Coup," *New York Times*, 30 July 1959, p. 3; "Nixon Performance Is Praised in Senate," *New York Times*, 28 July 1959, p. 10. ニクソンの演説は、Nixon, *Six Crises*, pp. 457, 459.

13　Nixon, *Memoirs*, p. 208; May, *Homeward Bound*, p. 162. なおこのキッチン論争、メイの著作、アメリカ博に触れた日本語の文献としては、三浦展「イームズと博覧会の政治学　1957-1959」<http://www.culturestudies.com/designh_marketing/design02.html>。また、アメリカの五〇年代を概括するものとしては、海野弘『黄金の五〇年代アメリカ』（講談社、一九八九年）がある。

14　May, *Homeward Bound*, pp. 162-63. フロンティアについては、Dina Smith, "Mobility," Douglas Field, ed., *American Cold War Culture* (Edinburgh: Edinburgh University Press, 2005) p. 78 を参照。

15　"Nixon and Khrushchev Argue in Public as U.S. Exhibit Opens; Accuse Each Other of Threats," and "The Two Worlds: a Day-Long Debate," *New York Times*, 25 July 1959, p. 1. 同じ写真は、Nixon, *Memoirs*, p. 212; May, *Homeward Bound*, p. 17 などにもある。

16　"A Debate of Politicians," *New York Times*, 25 July 1959, p. 3.

17　Nixon, *Memoirs*, p. 209. この写真は初期の自伝 Kornitzer, *The Real Nixon*, p. 301 にも掲載されている。

18　"U.S. Television Network Tapes Moscow Debate," *New York Times*, 25 July 1959, p. 3; Nixon, *Memoirs*, p. 209.

19　ドキュメント「冷戦　第八回　スプートニク・ショック　1949-1961」（アメリカ：ジェレミー・アイザック・プロダクション、ターナー・オリジナル・プロダクション、一九九八年）に一部のやり取りが収録されている。Richard F. Shepard, "Debate Goes on TV over Soviet Protest," *New York Times*,

26 July 1959, pp. 1-2.

20 Ibid., p. 2.「〃台所会談〃放送裏ばなし」(『朝日新聞』一九五九年七月三十日朝刊)。

21 "The Conference in the Kitchen," *New York Times*, 28 July 1959, C, p. 7.

22 ジェンダーの定義に関しては、ジョーン・W・スコット(荻野美穂訳)『増補新版　ジェンダーと歴史学』(平凡社、二〇〇四年)。とくにその第二章を参照。ほかにその章と同じ論文を収めた、Joan Wallach Scott, "Gender: A Useful Category of Historical Analysis," Joan Wallach Scott, ed., *Feminism and History* (Oxford: Oxford University Press, 1996) pp. 152-180. さらに、荻野美穂「ジェンダー論、その軌跡と射程」(『歴史を問う4　歴史はいかに書かれるか』岩波書店、二〇〇四年)一八九〜二二五頁。また、加藤秀一『知らないと恥ずかしい　ジェンダー入門』(朝日新聞社、二〇〇六年)も参照した。

23 May, *Homeward Bound*, p. 16.

24 Ibid., pp. 17-19.

25 Ibid., pp. 167-68.

26 Helen Laville, *Cold War Women: The Internal Activities of American Women's Organizations* (Manchester: Manchester University Press, 2002) p. 4.

27 May, *Homeward Bound*, pp. 166-67.

28 この「家庭への封じ込め」についての疑問点の指摘は、Jane Sherron De Hart, "Containment at Home: Gender, Sexuality, and National Identity in Cold War America," Peter J. Kuznick and James Gilbert, eds., *Rethinking Cold War Culture* (Washington: Smithsonian Institute Press, 2001) pp. 130-33 に負っている。メイが主に依拠した調査は、KLS(The Kelly Longitudinal Study)と

呼ばれるもので、これは当時の白人中産階級の男女六百名を対象としていた（May, *Homeward Bound*, p. 11)。

29 Laville, *Cold War Women*, pp. 4, 6, 7, 96-123.

30 De Hart, "Containment at Home," p. 128.

31 Ibid., p. 125.

32 Daniel Horowitz, *Betty Friedan and the Making of The Feminine Mystique: The American Left, the Cold War, and Modern Feminism* (Amherst: University of Massachusetts Press, 1998)に詳しい。

33 Laville, *Cold War Women*, pp. 3, 10 (note 11). 広告のイメージの利用についての発言は、note 11からで、Eugenia Kaledin の著述からの引用。

34 Laville, *Cold War Women*, pp. 3-4.

35 K. A. Cuordileone, *Manhood and American Political Culture in the Cold War* (New York: Routledge, 2005) pp. 139-40.

36 Ibid., p. 137. ボールドウィンは南西太平洋戦の従軍記で一九四三年にピュリツァー賞を受賞しており、日本でも太平洋戦争の海戦についての著作が幾つか翻訳されている。

37 Ibid., pp. 181-82; Robert D. Dean, *Imperial Brotherhood: Gender and the Making of Cold War Foreign Policy* (Amherst: University of Massachusetts Press, 2001) pp. 179-81.

38 John Lewis Gaddis, *Russia, the Soviet Union, and the United States*, 2nd ed. (New York: McGraw-Hill, 1990), p. 243. ニクソン『指導者とは』二一八～二二二頁。

39 J. John Palen, *The Suburbs* (New York: McGraw-Hill, 1995) pp. 58-62.

40 May, *Homeward Bound*, p. 169.

41 Reston, "Nixon's Political Coup."

42 "Diplomat in High Heels," *New York Times*, 28 July 1959, p. 11.

43 Laville, *Cold War Women,* pp. 197-98. Hans W. Baldwin, "Our Fighting Men Have Gone Soft," *Saturday Evening Post*, August 8, 1959.

第5章

日本とキッチン戦争と冷戦の終焉

飯倉　章

WS4570 1

The Japan that Can Say "No"
The New U.S.-Japan Relations Card

by

Akio Morita
Shintaro Ishihara

Note: The material written by Mr. Morita is very straightforward; however, Mr. Ishihara tends to ramble, change from one subject to another without much transition, and uses a great deal of Japanese sayings and proverbs which when directly translated to English, make no sense. What has been translated is the closest equivalent in English we could get.

WS4570 2

Table of Contents

(Ishihara) The Necessity for Present Day Japanese to Reform Their Consciousness 1
(Morita) The Decline of an America which Can Only See 10 Minutes Ahead 8
(Ishihara) Racial Predjudice Is at the Root of Japan Bashing 14
(Morita) Bashing Japan Gets Votes 19
(Morita) America Itself Is Unfair 26
(Ishihara) The Criticism of Japan as an Imitator Is Off the Mark ....
(Morita) Is America a Country which Protects Human Rights? ....
(Morita) Let's Become a Japan that Can Say "No" ....
(Ishihara) Don't Let Japan Give In to America's Bluster ....
(Morita) The U.S. and Japan are "Inescapably Interdependent" ....
(Ishihara) Japan Should Live in Harmony with Asia ....

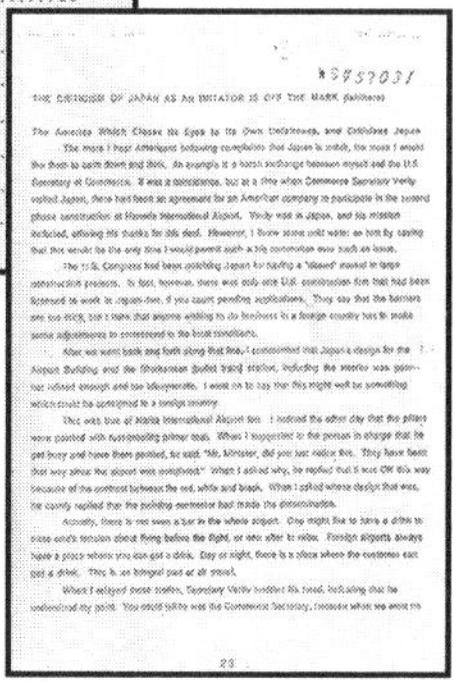

WS4570 31

THE CRITICISM OF JAPAN AS AN IMITATOR IS OFF THE MARK (Ishihara)

23

「『「NO」と言える日本』の海賊英訳版」

アメリカ議会で出回った『「NO」と言える日本』の海賊英訳版のコピー。米国国防総省の国防高度研究事業局（DARPA）が業者に依頼し無許可で英訳し、下院公聴会にも提出されたという。

（資料：筆者所蔵）

冷戦は体制選択をめぐる戦いでもあった。アメリカとソ連は、西側と東側の陣営に分かれ、それぞれの体制がいかに魅力的かを印象付けようと腐心した。そのために冷戦は、第4章で指摘したように宣伝戦としても戦われたのである。その舞台は米ソのみならず、その同盟国・衛星国、第三世界にも及んだ。アメリカの同盟国日本も例外ではない。キッチン論争をめぐる日本での報道にもメディアを通した宣伝戦の一端が垣間見える。この章は第4章の続編であるが、まずは、ニクソンのソ連訪問時に起きた「百ルーブル」事件の報道を基に、米ソ冷戦下の日本での一新聞を通しての宣伝戦について検証してみたい。次いで、ニクソンがキッチン論争で強調した民生品の意義を念頭に置きながら、冷戦の終焉にどのように日本が関わったのかを考察してみたい。

百ルーブル事件をめぐる報道合戦

一九五九年七月二十四日、キッチン論争の日の朝、ソ連首相官邸を訪れたニクソンは、フルシチョフにロシア語で話しかけた。ロシア語特訓の成果を示したのである。フルシチョフは「ロシア語を少し習ったことがあるんだな」と言い、ニクソンは「こんなもんですが」と指を少しだけ開いて見せた。

フルシチョフは、「市場に行って来たところだそうだな」と話題を変えた。その日の早朝、ニクソンはモスクワの有名なダニロフスキー市場を訪ねたのである。ニクソンの回顧録によれば、時差でよく眠ることができず、五時半にシークレットサービスを起こして、ソ連側で運転手と通訳も兼ねた保安担当警察官と、農民が野菜や肉を持ち寄っている市場に向かったのである。公式スケジュールの前に人々と都市について感触をつかんでおくのもよかろうと思ったとのことである。この突然の訪問は、後に「百ルーブル」事件と呼ばれることになるちょっとしたトラブルを生んだ。

この「百ルーブル」事件のいきさつはニクソンによればこうである。

市場に着くと、ニクソンが来たことはすぐに知れわたり、彼は集まった人々と友好的かつ自発的な交わりを一時間ほどした。さて帰ろうというときに、何人かが展覧会の入場券を持っていないかと尋ねてきた。持ち合わせはないが、ここの新しい友人たちのために喜んで入場券を買おう、そうすれば自分のゲストとなるだろうと言って、ニクソンはシークレットサービスに、そのグループの代表者（原文では spokesman）に百人分のチケットをまかなうのに十分な百ルーブル札を渡させた。しかし、代表者は百ルーブル札を返して、問題はチケットの代金ではなく、政府が選ばれた人間にしか入場券を配っていないことだと述べた。笑い合い、ニクソンは握手をして、その場を去った。しかし、翌日のソ連の三大新聞『プラウダ』、『イズベスチア』、『トルード』は、ニクソンがカネを差し出してソ連市民を「買収」し「品位を貶めよう」としたと非難したのである*1。

七月二十六日付けの『朝日新聞』（夕刊）は、このソ連側の報道を「労働者に百ルーブルやろうとして断わられる――ソ連紙〝不愉快〟と報道」という記事で、比較的紙面を大きく割いて紹介した。記事によるとこのエピソードは、市場を訪れたニクソンが、「そこに働いている粗末ななりをした一従業員に百ルーブルの金を恵もうとした事件」であり、ソ連各紙はそれを「不愉快きわまる行動」として報道したというのである。『朝日新聞』の記事では『トルード』紙への当事者（ワシリー・スマーチンと名前がある）の投書を詳しく紹介している。それにはこう書かれている。

この朝、ニクソン氏は、付近のだれとでも話をするかにみえたが、実際は質素な着物をよっているかの印象だった。ニクソン氏はいつものように白い上着を着ていたわたしの身なりをみると、近づいてきた同行のアメリカ人に合図した。するとそのアメリカ人が財布から百ルーブル紙幣をだし、わたしに握らせようとし、ニクソン氏は「取りなさい」といった。わたしは、にえくりかえるほど腹がたった。そしていった。「わたしは施しなどいりません。もし副大統領がお望みなら、わたしからあなたに差しあげてもよろしいと伝えてください」――そしてかれは、いくらかの金を握った自分の手をニクソン氏に差しだしたという*2。

これだけ読めば、ニクソンが貧しそうに見える人間を選んで、傲慢にも施しを与えようとしたという印象を読者は受けるだろう。続けて『朝日新聞』は「米側、報道を否定」という記事も掲載しており、その記事では切符を求めて話しかけてきたソ連人に、「ニクソン副大統領がポケットから百ルーブル紙幣を出して『金がないのですか』とたずねたところ、金はあるが切符が手に入らないのだという説明を聞いて百ルーブルを引込めたのだという」と報じている＊3。

ところで『ニューヨーク・タイムズ』紙も二十六日にこの件を報じている＊4。これはソ連側の報道を受けてのものである。その記事は滞在中にニクソンが受けた扱いを伝えるものだが、長い記事の終わり近くでこの「百ルーブル」事件に触れている。初めはソ連各紙の報道内容を要約しており、その内容は先の『朝日新聞』の紹介と大差ないが、お金を渡す目的は「貧しいソ連の市民」にお金を施す写真を撮ることだったというソ連紙記事の内容も紹介している。次いでこの記事では、ニクソンの報道担当官による「本当に実際に起こったこと」の説明を掲載している。この説明は、ニクソンの回顧録の内容と大きな違いはない。ただ当初、ニクソンはソ連市民たちが入場券を買うお金を必要としていると思ったということを述べている。この点は回顧録と若干違いがある。さらにニクソンは自腹を切って二百五十人分の入場券をかき集めて市場の管理者に送って、そこの労働者の間で分けてもらおうともしたという。この記事では、ソ連側の報道がプロパガンダであることを示唆している。しかし、この「ちょっとした嫌がらせ」が、ソ連の普通の人々のニクソン副大統領に対する反応に影響を与えた可能性は無いと思われるとも結論付けている。

このように一つの事実を巡っても、ニクソンの回顧録や米ソ日の報道には相違があった。むろんニクソンの回顧録やその報道担当官の説明を鵜呑みにすることはできない（とくにニクソンは後にウォーターゲート事件で嘘を重ねて大統領の座を追われた人物である）。しかし、報道の自由のあるアメリカと、それがないソ連とそのプロパガンダ体質（もちろんソ連のみならずアメリカにもそういう体質はあるが）を考慮すると、どうもソ連側の報道はでっち上げの公算が高いと思われる。ただ実際に百ルーブル紙幣を拒否したとされる人物名を報道するなど、信憑性を与える工夫には長けている。

一方で、『朝日新聞』は、このニクソン訪ソを伝えた最初の大きな記事の冒頭で「『百ルーブル事件』などでソ連国民の間にまずい印象を与えはしたが」と書き、この事件を過大に扱っている（アメリカの報道では事件は重視されていない）。アメリカ側の否定報道の紹介でも、ニクソン自らが紙幣を出して引っ込めたことになっているなど細かい点に相違も見える。

注目されるのは、『朝日新聞』のソ連紙の紹介記事が米側の否定報道の二・五倍ほどもあり、紹介も具体的で、当時の日本の読者としてはソ連紙の見解の方が正しいように思えたのではないかということである。

ニクソン副大統領の行動にも軽率な面があったと言えようし、回顧録では巧みにその点を糊塗しているが、日本におけるプロパガンダとして見るとソ連側の方が「成功」したと言えるだろう。

それではこの事件の報道から、左派系と目されていた当時の『朝日新聞』はソ連寄りであったと言えるのだろうか。そう断定するのは、いささか難しいと思われる。時はちょうど六〇年の日米安全保障条約改定阻止運動が高揚する前年である。当時の同紙の社説や記事を丹念に追った研究によれば、少なくとも同紙の上層部は安保条約改定に対して「条件付き容認論」であったことが分かる＊5。ソ連や中国共産党が望むような安保条約改定反対一辺倒ではなかったのである。

それでは『朝日新聞』のスタンスとは、どのようなものだったろうか。同紙（七月二十六日付け）の社説では、このキッチン論争に触れ、ニクソン、フルシチョフ両者間の「鋭い、そして時に激しい言葉のやりとり」が気がかりであると書いている。「率直な語り合いは、ことを明かにする上でたしかに必要である」としながらも、「それは、相手の国のゆき方をいたずらに非難したり、自国の政策や力を宣伝したりするものであってはなるまい」と言うのである。そして社説では、両者の「あのようなやりとりは、たとえ半ば冗談にしても、東西首脳会談の開催のために、二度とくり返して欲しくはないと思う」として、ニクソンもだが、とくにフルシチョフがニクソンから渡されたアイゼンハワー大統領のメッセージに含まれたもの（たとえば両国の政策の相違を認めながらも平和構築を呼びかけていることなど）を「深くかみしめるべきであろう」としている＊6。

この社説で印象的なのは、まずは「率直な語り合い」が「相手国のゆき方」の非難や、「自国の政策や力を宣伝したりするものであってはなるまい」としていることである。どうもキッチン論争が「宣伝戦」という側面を有していることを認識しながら、それを否定的に捉えているようである。また、「たとえ半ば冗談にしても、東西首脳会談の開催のために、二度とくり返して欲しくはない」ともいう。キッチン論争が持っていた体制選択という課題、その課題に民生品がかかわっているという認識は、この社説からは窺えない。

論争の的になった優秀な家電製品は科学技術の優越を意味するが、ニクソンが強調したかったのはそれだけではなく、それらによっていかに「アメリカ的生活様式」が、共産主義体制下の生活様式よりも優れているかということだった。ニクソンがそのときに強調したのは、まさに「豊かな社会」の絶頂期にあったアメリカ人の生活だった。郊外の一戸建て、そこに住む一家の稼ぎ手の夫、家庭を支える主婦（ホームメーカー）。安定した性別役割分業の体制である。ニクソンは、家電製品によって家庭内の細々とした労働の多くから解放されたアメリカの主婦の幸福な生活を語ったのである。そしてこの頃から、日本社会も高度経済成長を経験しながら、冷蔵庫、電気洗濯機、電気掃除機といった「三種の神器」に始まって、半ばアメリカ的生活様式を追いかけていくのである。同時に日本の主婦も、アメリカ流に言えば、大多数が家庭に封じ込められていたのである。

一方で、フルシチョフは、共産主義体制下で共働きをしながら家事労働にも励むソビエトの主婦を称揚した。資本家による「搾取」のない平等な社会という理想も、日本社会に働きかける力を多少は持っていたといえよう。しかし、主流とはならなかった。

キッチン論争の頃の日本人がどのような体制選択意識を持っていたかははっきりとは分からないが、安保改定に関する意識調査からある程度、推し量ることはできる。一九六〇年一月、新安保条約締結前に『朝日新聞』が実施した世論調査で、日本の安全を守るにはどの方法に賛成するかという複数回答可の質問では、「アメリカにたよる方法」は一四パーセントに過ぎなかった。しかし、一位は「日本を中立国にする方法」の三五パーセントで、次いで「国連にたよる方法」二四パーセントであった。一方で「ソ連、中国と仲よくする方法」は八パーセントに過ぎなかった*7。こんにちから見ると幻想のような中立化政策、国連中心主義が上位を占めていたことは、当時の日本人の国際関係に対する認識を物語っていると言えるが（野党第一党の日本社会党は非武装中立を掲げていた）、低いレベルであるが、アメリカへの支持が中ソへの支持の倍近くになっていることは注目していいだろう。

また目を引くのは、数か月後にあれだけ激しい反対闘争が巻き起こったにもかかわらず、調査では安保改正に賛成（「よいことだ」と回答）が二七パーセントと、わずかであるが反対（「よくないことだ」と回答）の二五パーセントを上回っていたことである。もっとも改定自体は「アメリカのため」という意見が二四パーセントを占め、両国のための二五パーセントを合わせると四九パーセントを占めている。「日本のため」が一一パーセントのみであることを考えると、日本よりもアメリカを利する同盟であるという見方が上回っていたと言えようか。しかし、旧安保条約において、アメリカの日本防衛義務が明確でなく、内乱条項のように日本で体制変換を惹起する事態が発生した場合に米軍の出動も可能としていたことを考えると、同盟条約として新条約は日本の安全保障と自主性の向上に寄与するものであった*8。

言うまでもなく、敗戦後の日本はアメリカ軍を中心とした連合国軍総司令部による占領を経て一九五二年に主権を回復したが、その際になし崩し的に西側の体制に組み込まれた。それ以外に独立回復の方途はなく、主体的に選び取ったと言うよりも、そのようにするしかなかったと言える。そのような中で、開放されたアメリカ市場へのアクセスを得て、日本は主に冷戦の

「経済戦士」として経済大国へとのし上がっていく。同時にそのような経済成長による「豊かさ」の実感が、なし崩しであれ、西側の一員に加わったことを肯定したとも言えるだろう。ただ、そのような日本の経済成長は、やがて日米同盟に軋轢を生むことになった。次には冷戦の終焉との関係で、そのような経緯を見ていきたい。

冷戦終焉後の最大の脅威としての日本

米ソの冷戦は、朝鮮半島での「熱戦」や、米ソの代理戦争ともいえる地域紛争として、また、核兵器やミサイル・宇宙開発競争として戦われた。しかし、それらのみではなく、一九五九年のキッチン論争が示したように、冷戦は体制選択や、キッチンの電気製品の優劣から男女の社会的な役割をめぐっても戦われたのである。

ところで、キッチン論争でニクソンが誉めそやしたアメリカ製のカラーテレビは、その後、一九六〇年代には日本製に変わっていった。カラーテレビだけではない。アメリカの家庭のラジオは、日本製のトランジスターラジオになり、テープレコーダー、ステレオ、カセット、電卓などが続き、アメリカ人の平均的な家庭には日本製家庭用電気製品が溢れかえるようになった。ニクソンが理想としたアメリカ人の家庭は、六〇年代以降はアメリカ製の製品ではなく、日本製品で埋め尽くされるようになったのである。

そのような状況下で、一九六九年に大統領になったニクソンは、日本では日米貿易摩擦の交渉に先鞭をつけた大統領として知られる。ニクソンは、国内の繊維産業の保護のため、日本側に繊維製品の輸出において自主規制という譲歩を求めた。なかなか日米繊維問題が解決しないでいるうちに、一九七一年七月にニクソンは、日本の頭越しに訪中することを表明し、次いで八月にドル防衛の新経済政策を発表した（ドルショック）。繊維問題は一九七二年の日米繊維協定の調印で一応の決着を見るが、その後、鉄鋼、カラーテレビ、自動車、農産物、半導体と日米間の貿易摩擦は激化する一方となった。

ニクソンが自画自賛した「アメリカ的生活様式」の多くの部分は、西側の同盟国、なかでも日本からの輸出品などに支えられるようになったが、それは日米間の経済摩擦を生んだ。そのような中、一九九〇年前後に冷戦は終結した。

冷戦の終焉は、アメリカの国際政治学者には驚きをもって迎えられた。もちろんソ連という敵の敗北による終焉は望ましい事態ではあったにしろ、彼らはそれを明確に予測できなかったことに慙愧の念を覚えたのである。アメリカでは国際政治学は社会科学であり、理論的な枠組みを重視する学問である。一方で日本の国際政治学は欧米からの理論の移入とその発展に留まらず、歴史学も包摂している。たとえばアメリカの大学の歴史学部で教鞭を執る歴史学者が、日本では国際政治の学会に所属するということが起こり得る。

そのような違いはさておき、著名なアメリカの国際政治学者ケネス・ウォルツは、冷戦崩壊以前に、国際関係における超大国による二極構造は、多極構造よりも安定的であると論じていた。つまり米ソ冷戦のような二極構造は安定的だというのである。そのような理論に触発されて、冷戦史研究の第一人者である歴史学者ルイス・ギャディスは、米ソ冷戦が「長い平和」となったことを論じた。ただ、ギャディスは、ウォルツに影響を受けたことは認めたものの、一九七九年のウォルツによる冷戦終焉についての「トクヴィルばりの予想」を批判した。その予想とは、米ソ間の対立は徐々に解消されるものの二極構造は存続し、超大国クラブに仲間入りする障害は非常に高く、この超大国クラブは「世界でもっとも排他的なものとして長くあり続けるだろう」というものである。ところが予想から十年ほどで冷戦は終焉してしまい、米ソの二極構造は消滅してしまった*9。

ギャディスが、ウォルツの予想を「トクヴィルばり」と呼んだのは、十九世紀半ばに活躍したフランスの政治思想家アレクシ・ド・トクヴィルが、今なおアメリカ研究の名著とされる『アメリカにおける民主政治』第一巻（一八三五年）の結論部分で、ロシアとアメリカが超大国として出現し、それぞれが「世界の半分ずつの運命」を握る日が来るだろうという著名な、しかも一面的には当たったといえる予想をしていたからである*10。ギャディスは、これは「大部分の理論家が夢にすぎないと思うような予言」で、一八三五年には「にわかに信じ難かった」ものの、「一九四五年には全く正しかったことが証明された」と書く。但し、ギャディスはこの予想を検討し、トクヴィルがこの予想を成し得たのは「地理的な広大さと高い出生率といった点から潜在的な能力を計算した結果」であり、第二次大戦後に米ソが超大国として出現した「実際のプロセスとほとんど関係無いことがすぐに明らかになった」と述べた*11。

そのギャディスは、『歴史としての冷戦——力と平和の追求』を書きながら、「冷戦史のたった一つの最も重要なパターンは、能力の非対称的な向上であると確信した」という。つまり米ソは、軍事力は元より、「イデオロギー、経済、さらには道義といった複数の次元のパワーを持って対立を始めたが、米国とその同盟国だけがこのパワーの多次元性を維持し、それによって目まぐるしく変動する国際環境で闘っていく能力を持ち続けられた」のである。そしてアメリカの同盟国として、経済面の西側のパワーの維持に大きく貢献したのが日本である。またアメリカ市場を得て、日本企業は主に民生品分野で発展したが、半導体などの技術や部品は、言うまでもなくアメリカ製兵器のハイテク化に大きく寄与した。

そのことを逆説的に示したのが、石原慎太郎衆議院議員と盛田昭夫ソニー会長の共著『「NO」と言える日本』（一九八九年）に対するアメリカの反応であった。正式な英訳版が出版される前に海賊翻訳版がアメリカ議会などで出回り、同書は刺激的な内容で話題になった。この本は共著と言っても、二人の著者のそれぞれの主張は章ごとに区別されており、とりわけ米国内で論争を呼んだのは石原の主張の二点であった。一つは日米摩擦の根底には、アメリカ人、とくにアメリカの白人の日本人に対する人種偏見があるというものだったが、もう一つが「日本が半導体を米国に売るのをやめ、仮にソ連に売るとすれば、それだけで日本は世界の軍事バランスを変えることができる」というものだった*[12]。

半導体をめぐる石原の主張が注目を集めたことは、その主張が突飛であると言うよりも、一面の真実を示していたからであろう。冷戦下では対共産圏輸出統制委員会（ココム）が共産圏諸国に対する戦略物資の輸出を規制していた。日本が仮にココム規制に従わず、最先端の半導体をソ連に輸出していたとすれば、兵器開発においてソ連側をかなり利することになっていただろう。ナショナリストであるが反共主義でもある石原慎太郎は、もちろんソ連のためにそうしたくて主張したのではなく、そのような能力をもつにもかかわらず、アメリカが日本を経済摩擦で叩き、ないがしろにしているように見えることに警鐘を鳴らしたのである。逆に言えば日本の技術は、アメリカの最先端の兵器開発において欠かせない重要なものとなっていた。日本の技術が西側の軍事的優位に貢献し、西側の「勝利」としての冷戦の終焉の一因となったことは、ある程度は言えるであろう。ただ、冷戦に決着が付き始めたこの時期に発せられた石原の半導体をめぐる主張は、いかにもタイミングが悪かった。

軍事技術だけであったろうか。民生品はどうであったろうか。たとえば日本製のビデオ（VHS）の世界的な普及が、「強固な結束を誇ってきたソ連圏の崩壊の糸口を作った」という指摘もある。ビデオによって容易に米国や西欧の映画や文化に接することができるようになり、ソ連圏の情報統制が崩れたというのである*13。

このように西側諸国の一つとして、日本の技術力・経済力も冷戦の終焉に貢献したと言えるが、冷戦の終焉と前後してアメリカで沸き起こったのは、ソ連よりもいまや日本の経済力こそアメリカの脅威であるといった皮肉な議論であった。たとえば一九八九年八月の『ビジネス・ウィーク』誌の調査では、アメリカ国民の実に六八パーセントが、「米国の将来にとって、ソ連の軍事力よりも日本の経済力の方が〝脅威〟である」と答えていた。米国民の対日認識は悪化し、出版界や映画界では、日本をソ連に代わる「悪役」として描く著作や映画が次々と現れた＊[14]。一九八〇年代半ば過ぎから進行した日本のバブル経済と、たまたま（多少は因果関係はあるかもしれないが、たまたまと言ってよいように思う）進行した冷戦の終焉が、「悪役」の交替を可能にしたのである。

冷戦の真の勝利者はアメリカではなく西ドイツと日本であるという主張もあった。一九九〇年七月三日付けの『ニューヨーク・タイムズ』紙には「冷戦に勝ったのは誰か？　日本人とドイツ人だ」というタイトルの投書が掲載された。これはこの年の五月から六月にアメリカを訪問したソビエト連邦大統領ミハイル・ゴルバチョフが、六月四日にスタンフォード大学で、誰が冷戦に勝ったのか言い争うのはやめませんかと呼びかけ、「核戦争と同様に、冷戦にも勝者がいるはずがない。この真実はすでに認められている。我々両国はそのことを知っている」と演説したことに端を発している。これに反発して、著名なジャーナリストのＡ・Ｍ・ローゼンタールは『ニューヨーク・タイムズ』紙（六月十日付け）で、勝者無き戦争という見方を「真実ではない」と否定し、「ヨーロッパでの冷戦の闘士は、まさに存在し、まさに闘い、そして彼らこそまさに勝利したのだ」と強調した。七月三日付けの投書は、このような経緯を受けてのものだった。投書者の経営学者ジョン・Ｅ・ウルマンは、米国とソ連の「両国とも敗れたのだ」と主張する。ウルマンは、両国は資本と優秀な人材を抱え込む軍産複合体を産んだが、それらが社会の経済的な活力を失わせる腐敗に染まって、浪費と無能さがかなりのものであったと述べた。一方で日本と西ドイツは、軍拡競争と時たまの「小さな」戦争の単調な繰り返しの中で、創造的で勤勉な社会の資源を浪費しないことによって、それだけで冷戦に勝利したのだという。ウルマンは言う。「経済大国の地位で勝利を定義する限り、勝者は西ドイツと日本」なのであると*15。

興味深いことにウルマンは、ソビエトの産業危機の主たる要因が、ほとんどの商品がこのような生産体制からもたらされていることだとし、例としてテレビを挙げた。ソ連ではテレビセットが、労働者の月の賃金の三・五倍もするというのである。フルシチョフがニクソンと論争してから三十年で、民生品分野での隔たりはかなり大きくなっていた。

冷戦の終焉と日本

冷戦史の第一人者であるアメリカのジョン・ルイス・ギャディスにとっても、主著である『長い平和』(一九八七年)を出版して数年で冷戦が終焉してしまったことは、想定外のことであったろう。しかしギャディスは、その後、一九九七年に出版した名著『歴史としての冷戦――力と平和の追求』で、冷戦進行中に書かれた歴史を旧冷戦史として、終焉後の新冷戦史と区別して、冷戦史に関する魅力的な「仮説」を提起している。これらの仮説は、冷戦終結の要因を考える上で示唆に富んでいる。これらの仮説を基にしながら、日本と冷戦の問題を検討してみよう。

第一の仮説は「力の多様化というものが力を均衡させることよりも冷戦の成り行きに大きな影響をもった」というもので、「力の多元性」の仮説とも呼ばれる。これは先に説明したように、西側諸国が「パワーの多次元性を維持し、それによって目まぐるしく変動する国際環境で闘っていく能力を持ち続けられた」ということである。確かに軍事面、とくに核戦力ではソ連はアメリカとある程度、ある時点まで力を均衡させることができたが、その他の面では西側諸国が早いうちから優位に立っていた。逆にソ連は「非軍事的能力における緩慢だが着実な腐食」に長い間、蝕まれていた。そして、ギャディスの比喩を借りれば、手強そうな外見を保持していた巨大恐竜の身体の中で臓器はゆっくりと機能不全に陥り、ある日突然、停まってしまったのである。西側のパワーの多次元性の維持、とくに経済面でのパワーの維持に、日本が貢献したことは先に述べた通りである*16。そうして考えると第４章で見た「キッチン論争」でのフルシチョフに対するニクソンの呼びかけ「ロケットの力を争うよりも、洗濯機の優秀さを比較して競争する方が良くはありませんか」は極めて示唆的で、将来を予見させるものであったと言える。アメリカ、あるいは西側諸国は一面では、ロケットではなく、民生品の優秀さで、この冷戦に勝ったと言えるのである。

二つ目の仮説は「アメリカとソ連が第二次世界大戦後同じ種類ではないにせよ帝国を築いた」というものである。アメリカが帝国であるとすれば、日本や西ドイツなどの西ヨーロッパの国々は「臣民」である。ギャディスは、臣民が協力するか抵抗するかで、帝国アメリカの帝国経営の困難さは和らぐか、増すかしたと考える。そして協力、なかでも西ヨーロッパと日本の協力が、アメリカ帝国にとっては重要であったと見る*17。協力にはアメリカが宗主国として自由貿易という公共財を西側諸国に提供し、自国市場を西側諸国に開放したり、大戦期の債務の事実上の帳消しや経済援助に踏み切ったことが、大きく寄与していたのではないかと思われる。

しかし、西ヨーロッパ諸国はなぜアメリカ帝国に協力したのであろうか。その理由の一つにギャディスは、道義性の問題を挙げた。歴史家が考える以上に、「多くの人々が当時冷戦を善と悪の争いであると認識していたこと」を彼は指摘する。ギャディスはドイツ占領において、ソ連占領地区でソ連赤軍によって女性に対する性暴力などの残虐行為が桁外れの規模でおこなわれ、西側占領地区と著しい対照を成したことに着目する。そのことが、ドイツ人が東西どちらの側に付くかを決める際に「主要な役割」を果たし、親西側志向を保証したというのである*18。このような残虐行為は、本書の第3章で扱った概念を用いれば、ある集団が持ちえた集合的記憶であり、それは長く人々の記憶に刻まれることになる。

ギャディスは指摘していないが、一九四五年八月のソ連赤軍の満洲侵攻時に起きた同様の出来事は、日本人の記憶にも深く刻まれた。さらにソ連が日ソ中立条約の有効期間内であったにもかかわらず（ソ連側は一九四五年四月に同条約の破棄を通告したと主張するが、同条約は少なくとも一九四六年四月までは有効であったと解釈される）満洲や樺太、千島列島、北海道の一部に侵攻したことは、火事場泥棒的な裏切り行為と認識されたのである。日本においても集合的記憶からして、ソ連側に付く可能性は限りなく低かったのである。

またギャディスは別の仮説として、アメリカの帝国支配において、「民主主義が提携を維持することにおいて独裁政治よりも優れている」かもしれないことを提起している。しかも、権力政治の支配する国際政治においては不向きと考えられた民主主義的な価値が、外交政策の目標にすらなり得たともいう。つまり、アメリカ国内の民主主義的な習慣が、外交政策の領域へと拡張された（そして、とりあえず成功したと思われる）事例が三つあるというのである。それは北大西洋条約機構の運営、ヨーロッパ統合の推進、そしてドイツと日本の民主化である。そこでギャディスは、アメリカはある種の民主主義的帝国を築いたのだと考える。民主主義的帝国アメリカが築かれたのは、習慣と歴史からアメリカが「政治において民主主義であったという単純な理由から」ともいう*19。

民主主義的帝国アメリカは、他の幾多の帝国とどこが違うのか。非常に重要だと思われるのは、「日常的な交渉と取引、威圧と懐柔」にアメリカ人は慣れ親しんでいたので、「抵抗を自動的に裏切りであるとみなすこともなかった」という指摘である。東欧諸国のわずかな自主性を求める動きに対しても、弾圧をもって対処したソ連とは大違いであったのである*20。このアメリカ民主主義帝国のもつ柔軟性は、たぶん日本においてもプラスに働いたであろう。六〇年安保闘争にしたところで、反米的色彩をもっていたのに、ソ連がしたように戦車をもって抑えつけるようなことをアメリカはしなかったのである。

ギャディスのもう一つの仮説は「冷戦期においてマルクス＝レーニン主義が権威主義的なロマンティシズムを育成した」というものである。これは共産圏の指導者の分析から生まれたものである。この仮説の説明で、スターリンにおいては目標がイデオロギーを決定したという指摘は興味深いが、ギャディスのいう新冷戦史では、イデオロギーが行動を決定した側面を再考する必要性が説かれている*21。ギャディスとしては、イデオロギーをあまり重視しなかったことを修正しているようである。一方、日本でもマルクス＝レーニン主義が一部に浸透し、イデオロギーが神聖視されたり、共産圏の指導者が神格化されたこともあったようだが、その影響は一定程度に留まったと言えそうである。

さてギャディスは最後に、冷戦の終結よりも、逆にかくも長く冷戦が続いた原因を分析する。そこで出て来た仮説は、核兵器が「その破壊性と引換えに持続性をもたらした」というものである*22。核兵器が使われない兵器であるが故に、二極化が固定され長引いたともいえるだろう。

この点でいささか不吉な問題提起をするとすれば、冷戦後の世界にあって、超大国の地位から引きずり降ろされたロシアが、いまもなお膨大な核戦力を保持していることをどう考えるべきであろうか。超大国でなくなったことから、戦術核を使用する可能性は逆に高まったといえないだろうか。現にプーチン大統領は二〇二〇年六月に、通常兵器に対しても、核兵器で反撃できるという「核抑止の国家政策の基本」という文書に署名した*23。文書内容の公表自体が抑止効果をもつので、それを狙ってとも言えそうであるが、逆に戦術核使用後に警告はすでにしていたと主張するために予防線を張っている可能性もある。アメリカとのバランスが崩れても核戦力ではいまだに超大国であるロシアが、戦術的であれ核兵器を使用する可能性は、かつてないほど高まっているのではなかろうか。冷戦期の核軍拡競争の遺物は、新しい国際関係のなかで新たな脅威として甦ったのである。

日本の冷戦史研究の第一人者である佐々木卓也は、二〇一一年の著書で、二〇年以上前に終わった冷戦の歴史を学ぶ必要性を良心的に問い直している。その中で著者は、現代を生きる我々が「冷戦時代の出来事、遺産に大きな影響を受けている」ことを指摘している*24。先に指摘した核超大国としてのソ連などは、その一例であろう。

さらに二〇二〇年の現在においては、新しい形で冷戦が甦りつつあるとも言えそうである。それはアメリカと主に中国との間の冷たい戦争である（アメリカとロシアの間も含めていいかもしれないが）。トランプ政権の下で米中の対立は、単に経済的利害の衝突に留まらず、自由民主主義国家と権威主義的な共産党による一党独裁国家との抜き差しならない対立へと化している。しかも中国は、共産党支配から毛沢東のような独裁者による支配へと向かっているようにも見える。むろん冷戦時代の東西関係と異なり、両国は深い経済的相互依存関係にあるが、次世代通信機器網５Ｇからの中国系企業の排除は、かつてのココム規制を思い出させるし、米中のデカップリング（切り離し）が公然と議論の俎上に上っている。

この対立の本質は突き詰めると何であろうか。かつての冷戦は、佐々木氏がいみじくもその著書の副題で示したように「アメリカの民主主義的生活様式を守る戦い」であった。一方で、中国がそこかしこで引き起こしているトラブルは、かつての権威主義的で、わずかな連合の乱れも許さない社会主義・共産主義国家による統制を思い起こさせる。

アメリカも多くの問題を抱えているのは事実である。たとえば、折から人種差別反対の抗議活動もかつてないほど高まっている。しかし、それとても「アメリカの民主主義的生活様式」の産物であることは忘れてはならないだろう。逆に言えば、社会主義・共産主義国家の権威主義体制下では、そのような問題は表に出ることすら許されないのである。

ギャディスがいうように民主主義によって「日常的な交渉と取引、威圧と懐柔」に慣れていたが故に、「抵抗を自動的に裏切りであるとみなすこともなかった」ようなアメリカを中心とする体制下では、平和裏に意見を異にすることも時には可能である。それは権威主義国家には結束の乱れと攻撃されるかもしれないが、そのように抵抗の自由が担保されていることが国家の自立を確保し、従属でさえも自発的におこなわれることを可能にしているように思えるのは私だけだろうか。

＊註

1 Richard Nixon, *The Memoirs of Richard Nixon* (New York: Grosset & Dunlap, 1978) p. 206.

2 「労働者に百ルーブルやろうとして断わられる——ソ連紙〝不愉快〟と報道」(『朝日新聞』一九五九年七月二十六日夕刊、三版、一面)。

3 「米側、報道を否定」(『朝日新聞』一九五九年七月二十六日夕刊、三版、一面)。

4 Harrison E. Salisbury, "Muscovites Heckle Nixon; He Preaches Free Speech," *New York Times*, 26 July 1959, p. 3.

5 水野均『朝日新聞は日米安保条約に反対していたのか？——戦後マスコミの防衛論を検証する——』（並

木書房、二〇〇六年）五九〜六〇頁。

6 「社説　微妙な岐路に立つ外相会議」（『朝日新聞』一九五九年七月二十六日）。

7 「安保改定をどうみるか　本社全国世論調査」（『朝日新聞』一九六〇年一月十八日）。水野、六〇頁。

8 同右、調査。

9 John Lewis Gaddis, "In Defense of Particular Generalization: Rewriting Cold War History, Rethinking International Relations Theory," in Colin Elman and Miriam Fendius, eds., *Bridges and Boundaries: Historians, Political Scientists, and the Study of International Relations* (Cambridge, Mass.: MIT Press, 2001) p. 302. 邦訳、ジョン・ルイス・ギャディス（田中康友訳）「限定的一般化を擁護して：冷戦史の書き直しと国際政治理論の再考」コリン・エルマン、ミリアム・フェンディアス・エルマン編（渡辺昭夫・監訳、宮下明聡、野口和彦、戸谷美苗、田中康友・訳）『国際関係研究へのアプローチ――歴史学と政治学の対話』（東京大学出版会、二〇〇三年）一九九頁。

10 Alexis de Tocqueville, *De la démocratie en Amérique*, v.1.(1836) pp. 416-417.

11 ギャディス「限定的一般化」二一一頁。

12 盛田昭夫・石原慎太郎『「ＮＯ」と言える日本――新日米関係の方策《カード》』（光文社、一九八九年）三八、一四頁。なお、筆者は当時この問題について論じたことがある。飯倉章「「ＮＯ」と言える日本」――米国報道にみる誤解の構造――」国際大学日米関係研究所報『Outlook』第九号、一九九〇年七月、三七〜四一頁。

13 唐津一「１　日米の技術依存関係」『日本とアメリカ：パートナーシップの50年』細谷千博監修、Ａ50日米戦後史編集委員会編（ジャパン　タイムズ、二〇〇一年）三五四頁。ちなみにＡ50日米戦後史編集委員会は六名の委員（細谷千博、有賀貞、近藤健、増井誠、山根正彦、飯倉章）からなり、筆者もその一人であった。

14 飯倉章「悪化する米国の対日世論：日米世論の比較研究」国際大学日米関係研究所報『Outlook』第一一・一二号、一九九一年四月、一二三～一二八頁。

15 John E. Ullman, "Who Won Cold War? Japanese and Germans," *New York Times*, 3 July 1990.

16 ジョン・ルイス・ギャディス『歴史としての冷戦——力と平和の追求』赤木完爾・齊藤祐介訳（慶應義塾大学出版会、二〇〇四年）四五九～四六一頁。

17 同右、四六一～四六四頁。

18 同右、四六四～四六五頁。

19 同右、四六七～四六八頁。

20 同右、四六八～四六九頁。

21 同右、四六九～四七二頁。

22 同右、四七三頁。

23 喜田尚「「通常兵器にも核で反撃」プーチン氏、核戦略文書公表」（『朝日新聞』二〇二〇年六月三日一〇時四一分〈https://www.asahi.com/articles/ASN633F7WN62UHBI03L.html〉）。

24 佐々木卓也『冷戦　アメリカの民主主義的生活様式を守る戦い』（有斐閣、二〇一一年）ⅲ頁。

おわりに

森　雅雄

本書の事実上の編者である飯倉教授の依頼で、およそ二十年前と十年前の故い文章二編を温め直して一本に纏めてみた。その想を得たのは更に数年故く、当時酷い腰痛に悩まされて床上に動けず、その無聊を紛すために、いつか読むこともあるだろうと買い置いていた戦争物の文庫本を片端から読んだ時である。

戦後生まれの筆者は先の戦《いくさ》を直接には知らない。伊藤正徳が子供向けに書いた本を読んだり、記録フィルムを編集したテレビ番組（クラリオン提供であった）を観たりした記憶はあるが、長ずるに及んでも戦争についての知識は断片的で、レイテ海戦と比島沖海戦の関係も判然としないというお粗末なものであった。父親は士官学校上がりの職業軍人であったが、父と息子は会話らしい会話をしないのがこの国の慣わしであるから、稀に「一点、二表、三敬礼、四馬鹿、五理屈、六号令」などということを聞いたことはあるが、父親から軍隊の話を聞いたことは殆どない。それで、いつか一通りの流れは知っておきたいと思っていたのである。

臥して文庫本を読み進むうちに、少なくとも海軍の飛行機乗りは西日本出身者が多いような印象を受け、それを日本東西の社会類型論と関連させて一文に纏められないかと思うようになった。その書かれたかも知れない一文の導入部分で、航空に対比させて大艦巨砲主義に触れることもあるかと思ったのだが、やがて、帝国海軍が大艦巨砲主義に拘束され航空主力に転ずるのが阻害されたという説があたかも検証不要の自明の公理の如くに語られるのに不審の念が湧いてきた。平行線は、前檣楼トップからも見えない水平線の彼方では交わっているかも知れない。それともどちらでもかまわないのかも知れない。不審は膨らんでパナマ運河も通過できぬほど肥大して成ったのが旧稿である。

しかし、軍隊の存在意義は戦うばかりではない。様々な組織の中で最も礼儀を重んずるのが軍隊である。銃砲ですら儀礼に用いられ、また儀仗兵もあり、その軍装と銃器が実戦向きでないこともしばしばある。棺を砲架で運ぶ風習もあり、死者はミシングマン・フォーメーションで悼む。大鑑巨砲もまた火力以外の効用がある。その模型を作る趣味もある。しかし、リトルボーイの模型作りは単に悪趣味なのではないか。父親が亡くなる少し前、軍隊の敬礼の仕方を訊いたことがあるが、それは室内か戸外かと問い返されて驚いたことがある。軍隊では敬礼の仕方も室内と戸外では違うのである。

今回、寄稿するに当たり、故い行李の底から短い資料を拾い上げ、新たに一文にし第2章として添えた。阿部艦長については、いくらかヤスパースの形而上学的罪を意識し、最後の一文は父親の言葉を借りたものである。

毎年、夏になるとこの国では先の戦の記憶を蘇らせるのが仕来りとなって久しい。そこで語られる物語はしばしば、この記憶を風化させてはならぬという言葉が、あたかも昔話の慣習的結語の如くに使用されて締めくくられる。しかし、エントロピーは増大するのが常である。風化しないとすれば、それはどこかで手が加えられたのであり、それは変異であるか、そうでなければ複写でしかない。本書第3章で飯倉教授が立脚するのは「集合的記憶は社会的に構築される」というテーゼである。それは反転して言えば、集合的記憶が社会を構築するということでもあるかと思う（ナショナル・ヒストリーを料理するに、パーソナル・ヒストリーを以てする向きもあるが、一人の個人を誕生から死まで一人の同一人物とみなすのも物語であるならば、ナショナルもパーソナルも本同根より生じたるものであろう）。集合的記憶は社会的相互作用に晒されているがゆえに、「不安定で移ろいやすいもの」となる。「軍隊」も「社会的な集団」の一つである。しかし、日本の軍隊は集団そのものが解体したから、現在あるのはそれが何であったとしても別の集団である。ゆえに保持する記憶も既に同じものではない。

父は亡くなる少し前に靖国神社を訪れ、帰り際にもう一度、少し長い礼をしたが、会話なき息子にもその時、父が心の中で何を言ったか分かった。しかし、理解することと行為することは別のことである。靖国神社に居るかもしれない魂を本当に司祭できるのは、貴様俺で呼び合ったかつての戦友の他にいないのではないだろうか。先の戦において親友が殺されたことで憲法を墨守する者もその結構は同じであろう。飯倉教授の説く記憶はかくも振幅の大きく不安定なものなのである。飯倉教授はそこに希望を、パンドラ・ボックスの底に残されたような希望を見出す。従って、そこでは変容ばかりか、忘却さえもが希望である。しかし、どのように変容し、何を忘却すれば肯定的なのか、それを予め決めることは難しい……。

二〇二一年八月

おわりに

飯倉　章

昭和十六年十二月七日の夕刻、遮蔽幕で覆われた気象台の作業室で、筆者の大伯父（母方の祖父の兄）は、部下や海軍将校と共にハワイ沖の海上天気予報をまとめた。気象台長だった大伯父は、予報を携えて軍令部を訪れ、戻ってきた時に日付けは八日に変わっていた。この予報がハワイ作戦の成功に寄与したのではと筆者は思い込んでいたが、どうも真相としては海軍は自らの諸々の予報との比較に利用したのに過ぎなかった。「無駄奉公」と大伯父は評したそうだが、歴史は油断がならないという思いが筆者の心中には刻まれた。大伯父（藤原咲平という）は高等小学校で、後に陸軍統制派の中心人物となる永田鉄山と同窓であった。長じても親交は続き、出版界で名を成したもう一人の同窓、岩波茂雄と三人で料亭で談笑を重ねることもしばしばあったという。その会合が要らぬ疑念を生み、昭和十年の皇道派将校による永田斬殺の一因になったという説もある。事件の報を受けて大伯父は激高し、皇道派の荒木貞夫をパチンコ（もちろん玩具でも遊戯でもない、ピストルのことである）で殺すと息巻いたそうである。永田は寺田寅彦の説いた「科学国防の真髄を体得していた」と大伯父はいう。永田が生きていたら、この国のその後も、先の戦争自体の行く末も（戦があったかどうかも含めて）違っていたとは言えるであろう。

筆者の父も気象台にいたが、戦中に満洲国の観象台に転じ、昭和十九年十二月に現地で応召した。所属は第二気象連隊で、通称号は羽第八三九八部隊である。俗に「ハチミツ食う奴」と呼ばれたそうであるが、南方に転出した中隊もあり現実は甘くない。父はソ満国境に近い飛行場で高層気象に従事していたが、昭和二十年八月九日のソ連軍の侵攻を受けて列車で南下し、八月下旬には武装解除され、九月末にソ連に渡り抑留された。舞鶴に戻ったのは昭和二十三年九月である。三年間のシベリア抑留で、持ち帰ったソ連製のいびつな鉛筆を見たことがある。見聞きしたであろうソ連軍による満洲での蛮行は父のトラウマになっていたようで、子どもの前では涙など見せない父であったが、お寺の催しでそれに触れた時には、人目を憚らずボロボロと涙を流したそうである。終戦時のドイツにおけるソ連軍の蛮行の記憶がドイツにおける冷戦期の体制選択に影響を及ぼしたように、日本にも同様の集合的記憶があったというのは筆者の実感である。晩年、父は広島を訪れ、これで務めを果たしたというようなことを述べた。筆者には意外な感もあったが、生き残った者の負い目と義務がないまぜになったような思いがあったのかもしれない。

森大兄とはいまの職場で知り合って四半世紀になる。中でも後半の十数年には、授業後、毎週のように昭和歌謡が流れる大衆食堂で熱い対話を重ねた仲でもある。文化人類学者の常としてフィールドを重視し、房総半島を練り歩いてつげ義春の足跡を辿ったかと思えば、夏休みには北朝鮮の東アジア最高峰白頭山を登っているなど神出鬼没であった。共に筆者の地元の東金市の戦争遺構を訪ね歩き、巨大ゲジゲジの巣くう洞窟を探索したこともあった。食堂での対話は多岐に亘りしばしば白熱したが、そこでも舌を巻くような博覧強記が窺えた。大兄の退職後、ある女性教授の「じつはモリマサ（森大兄の愛称）兄貴の博覧強記っぷりの隠れファンだったんです」という告白に接したときには、自分だけではなかったのだと思わず首肯したものである。そのような森大兄と共著を編み世に問うことができ、たまには注付きの本も出したいと思っていた筆者にとって喜びはひとしおである。

末筆となってしまったが、このような二人の共著の出版にご快諾をいただき、編集の労に携わってくださった芙蓉書房出版の平澤社長に、森大兄ともども深甚の謝意を表したい。

二〇二一年晩夏

著者略歴

飯倉　章（いいくら あきら）

城西国際大学国際人文学部教授。

昭和31（1956）年茨城県に生まれる。慶應義塾大学経済学部卒業、国際大学大学院国際関係学研究科修了（国際関係学修士）、学術博士（聖学院大学）。専門は国際政治学。著書に『イエロー・ペリルの神話―帝国日本と「黄禍」の逆説』（彩流社、2004年）、『日露戦争諷刺画大全（上・下）』（芙蓉書房出版、2010年）、『黄禍論と日本人―欧米は何を嘲笑し、恐れたのか』（中央公論新社、2013年［中公新書］）、『第一次世界大戦史―諷刺画とともに見る指導者たち』（中央公論新社、2016年［中公新書］）、『1918年最強ドイツ軍はなぜ敗れたのか―ドイツ・システムの強さと脆さ』（文藝春秋、2017年［文春新書］）など。訳書に『アメリカは忘れない―記憶のなかのパールハーバー』（法政大学出版局、2007年）など。小説に「勇士の面目」『三田文學』第99巻第142号（2020年夏季号）など。

森　雅雄（もり　まさお）

城西国際大学国際人文学部非常勤講師。同大学同学部元教授。

昭和28（1953）年兵庫県に生まれる。東京都立大学人文学部卒業、東京都立大学大学院社会科学研究科修士課程修了、東京都立大学社会科学研究科社会人類学専攻博士課程単位取得満期退学。専門は社会人類学。論文に「なぜ彼女は幽霊なのか？　韓国『反日』映画についての註釈」（『城西国際大学紀要』14巻2号、平成18年）、「中国教科書の歴史認識」（『城西国際大学紀要』18巻2号、平成22年）など。

太平洋戦争と冷戦の真実

2021年12月14日　第１刷発行

著者

飯倉《いいくら》 章《あきら》・森《もり》 雅雄《まさお》

発行所

㈱芙蓉書房出版

（代表　平澤公裕）

〒113-0033東京都文京区本郷3-3-13

TEL 03-3813-4466　FAX 03-3813-4615

http://www.fuyoshobo.co.jp

印刷・製本／モリモト印刷

ISBN978-4-8295-0826-8